PiXEL

Méthode de français

1

Livre de l'élève

Catherine **Favret**

CLE
INTERNATIONAL
www.cle-inter.com

Édition : Brigitte Faucard
Couverture : Fernando San Martin
Conception graphique : Miz´enpage
Mise en page : Emma Navarro
Illustrations : Conrado Giusti / Adriana Canizo
Recherche iconographique : Nathalie Lasserre
Cartographie : Fernando San Martin
Enregistrements : Vincent Bund
Vidéo : BAZ

© CLE International / SEJER, 2011
ISBN : 978-209-038758-2

Pixel, mode d'emploi >

Pour vous repérer dans le livre

 Activité de compréhension orale

 Activité de compréhension écrite

 Activité d'expression orale

 Activité d'expression écrite

 Activité d'interaction orale

 Remarques et astuces

Pour comprendre et apprendre

 Comment ça marche ?   Grammaire et conjugaison

 Des mots pour...   Mots et expressions utiles

Pour aller plus loin

Annexe page xx

Ce point est développé dans les annexes à la page indiquée

Ce point est développé sur le site internet compagnon

Une séquence vidéo est disponible sur la version numérique et sur le DVD-ROM du livre de l'élève

 Le disque inclus dans ce livre est un DVD-ROM qui contient des ressources audio et vidéo. Vous pouvez l'utiliser :

Sur votre ordinateur (PC ou Mac)
- Pour visualiser la vidéo
- Pour écouter l'audio
- Pour extraire l'audio et le charger sur votre lecteur mp3 ou pour en graver un CD mp3 ou un CD audio <u>à votre usage strictement personnel</u>

Sur votre lecteur DVD de salon ou portable, compatible DVD-ROM
- Pour visualiser la vidéo
- Pour écouter l'audio (les pistes apparaissent sur l'écran)

Contenus

Phonétique	Thème-lexique	Objectifs de communication	Civilisation
• [r] • [u] = *ou* • [y] = *u* • [ɯa] = *oi*	• Abécédaire • Noms de pays européens et francophones	• Reconnaître le français • Saluer • Se présenter	• Francophonie : *où est-ce qu'on parle français ?*
• [s] / [z] (*absent / présent*) • Liaison et élision • [e] / [ə] (*les / le*)	• Le collège • Caractérisation 1 : (*grand, petit*, etc.) • Compter de 1 à 50 • Les matières • Les jours de la semaine	• Décrire quelqu'un • Poser des questions sur les professeurs, les copains, les matières • Parler en classe : les consignes et les questions	• *Le collège en France* • *Un collège pas comme les autres*
• [e] / [ɛ] (*chez / fête*)	• La date • L'âge • Compter de 50 à 100 • Les mois de l'année • L'adresse et le numéro de téléphone • Caractérisation 2	• Téléphoner à un copain / une copine • Se présenter • Dire la date • Inviter quelqu'un • Accepter / Refuser une invitation	• *Comment on fait la fête en France ?* • *D'autres idées pour fêter son anniversaire* (fêtes d'anniversaire à thème)
• [ʃ] / [ʒ] (*acheter / manger*)	• La famille • Noël et fêtes de fin d'année • Les cadeaux • Les vêtements • Les couleurs • Quelques formes et matières (*rond, carré, plastique, métal...*)	• Présenter sa famille • Demander quelque chose à quelqu'un • Poser des questions sur un objet • Décrire un objet	• *Fêtes de fin d'année en France* • Publicité : *Noël sous les tropiques*
• Nasales : [ã] / [ɔ̃] (*dent / front*)	Le corps • Activités sportives et extrascolaires • Verbes de mouvement (*courir, sauter, lancer...*) • *En haut, en bas, en avant, en arrière* • Le corps • *J'ai mal à*	• Donner des ordres, instructions, conseils • Situer dans l'espace 1 • Parler de ses activités extrascolaires • Exprimer ses sensations	• La capoeira : *un sport à la mode*
• [b] / [v] (*bison / vison*) • Le " e " muet et les lettres qu'on écrit mais qu'on ne prononce pas	• La ville (*magasins, centre commercial...*) • Les transports (*train, bus, métro...*)	• Situer dans l'espace 2 • Demander et donner une direction, un chemin • Suivre un itinéraire	• Forum : *J'adore ma ville !* (Montréal, Bruxelles, Dakar)
• [œ] / [ø] (*serveur / serveuse*)	• L'heure • Les points cardinaux • Les saisons • La météo • Les nationalités • Les professions • Francophonie	• Demander et donner l'heure • Donner son emploi du temps • Dire le temps qu'il fait • Donner des informations sur un pays	• Interview : *La vie d'artiste*

Destination français !

 1 ▶ Regarde les photos et les étiquettes. Quels mots tu comprends ?

Salade du Rallye 8 €
Salade de chèvre au Magret Séché 7 € 50
Salade Landaise 9 €
Noix d'Entrecôte 14 €
Magret Sauce au Poivre 13 €
Hamburger 7 €
Cheeseburger 7 € 50
Steack Haché à Cheval 7 €
Crêpe Saumon Fumé et Chèvre Frais 7 €
Croque Monsieur 5 € 50
Croque Madame 6 €
Omelette Nature 5 €
Omelette Jambon ou Fromage 6 €
Assortiment de Pâtes Fraiches 8 €
Nos Plats sont servis avec Salade ou Frites Fraiche

oui

non

bus

pain

RUE RONSARD

-MÉTRO-

chocolat

rock

collège

camembert

baguette

 2 ▶ Écoute comment on prononce.

 3 ▶ Quels autres mots tu connais ?

On embarque

1 › Écoute et lève la main quand tu entends le français.

2 › Écoute comment on prononce R [r], U [y], OU [u] et OI [wa].

rrrrr

OU [u]

U [y]

OI [wa]

3 › Répète.

Ils parlent tous français !

 1 › Écoute et relie les photos aux phrases.

1. Je m'appelle Moussou Koro Diop. J'habite à Dakar, au Sénégal.

2. Je m'appelle Zacharie Magloire. J'habite à Québec, au Canada.

3. Elle s'appelle Anissa Missoum. Elle habite à Alger, en Algérie.

4. Il s'appelle Albert. Il habite à Bruxelles, en Belgique.

C'est Gustave.
Il habite en Suisse.
Il parle français.

2 › Cherche les pays sur la carte de la Francophonie.

L'alphabet du voyageur

Saïgon

A comme Alger
B comme Bruxelles
C comme Casablanca
D comme Dakar
E comme Espagne
F comme France
G comme Genève
H comme Hanoi
I comme Islamabad
J comme Jordanie
K comme Kigali
L comme Lyon
M comme Montréal
N comme Niger
O comme Ouagadougou
P comme Paris
Q comme Québec
R comme Rouen
S comme Saïgon
T comme Tunis
U comme Uruguay
V comme Vannes
W comme Waterloo
X comme Xérès
Y comme Yémen
Z comme Zambie

1) Lettres et sons.

 a. Lis et écoute.

 b. Répète l'alphabet.

Genève

Montréal

Waterloo

Paris

Tunis

Ouagadougou

2) Un peu de francophonie.

Cherche cinq pays non francophones sur la carte de la Francophonie.

Bonjour, tout le monde

 1) Regarde les photos et écoute les salutations.

Bon, au revoir, monsieur !

Au revoir ! À bientôt !

Salut, ça va ?

Ça va !

Bonjour Jérôme.

Bonjour mademoiselle.

Un pain au chocolat, s'il vous plaît !

 Des mots pour...

Saluer
- *Salut* ou *ça va ?*
- *Bonjour (madame/monsieur/mademoiselle)*
- *Au revoir !* ou *Au revoir (madame/monsieur/ mademoiselle)*
- *À bientôt !*

 2) On dit *salut* à un camarade ou à un inconnu ?

 3) Dans la classe, salue un(e) camarade et le professeur.

Présentations

 4) Écoute et relie les dessins aux situations.

1. *Bonjour tout le monde, je me présente : Hugues.*

2. *Bonjour madame, je suis Renaud Polensac, le directeur commercial de Picrosov.*
   - *Enchantée, je suis Valérie Durand, directrice de Apfel.*
   - *Enchanté !*

3. *Comment tu t'appelles ?*
   - *Aminata. Et toi ?*
   - *Je m'appelle Aurélie.*

 5) Présente-toi à un(e) camarade.

a.

b.

c.

Unité **1**

Au collège

onze **11** ❯

••• Leçon 1 ❯

La rentrée

- Tu découvres la cour d'un collège français.
- Tu présentes des camarades.

••• Leçon 2 ❯

En classe

- Tu découvres le matériel scolaire.
- Tu parles en français dans la classe.

••• Leçon 3 ❯

Des matières à faire

- Tu découvres l'emploi du temps d'une élève française.
- Tu fais ton emploi du temps en français.
- Tu parles de tes profs.

Dans la cour du collège...

 1 ⟩ Écoute et lis. Qui parle ?

Dialogue 1

- *Qui c'est, le brun ?*
- *Quel brun ?*
- *Le monsieur, avec la barbe !*
- *Ah, lui ? C'est le prof de maths, Berzot.*
- *Il est sympa ?*
- *Oui... ça va.*

Dialogue 2

- *Qui c'est la fille blonde, là ? Elle est dans quelle classe ?*
- *Ce n'est pas une élève !*
  C'est la surveillante, Julie !
- *Elle est jeune !*
- *Oui, elle a 19 ans !*
- *Elle est jolie !... Elle est sympa ?*
- *Oui, elle est très sympa.*

 2 ⟩ Réponds aux questions dans ton cahier.

a. Comment s'appelle le prof de maths ?

   Il s'appelle...

b. Comment s'appelle la surveillante ?

   Elle s'appelle...

c. Quel âge elle a ? *12 ans. 14 ans. 19 ans.*

3 ▶ Qui c'est ? Associe les personnages de l'illustration à la description.

a. C'est Pauline, c'est une élève du collège Voltaire. Elle est brune. Elle a 12 ans.

b. C'est Madame Dubosc, la directrice du collège Voltaire. Elle est blonde. Elle a 52 ans.

c. C'est Lucas, c'est un élève du collège Voltaire. Il est blond. Il a 14 ans.

 4 ▶ Observe le tableau et réponds aux questions.

a. Quel est le masculin de *blonde* ?

b. Quel est le féminin de *jeune* ?

c. Et dans ta classe, qui est brun ? qui est blonde ?

Comment ça marche ?

| | articles | | adjectifs |
	indéfinis	définis	
masculin	un	le / l'	brun
féminin	un**e**	la / l'	brun**e**

Annexe page 71

Qui c'est ?

C'est (+ article) + nom

 7 ▶ Présente un(e) camarade comme dans l'exemple.

C'est Alex, c'est un élève, il a 12 ans.

C'est Olive, c'est une élève, elle a 12 ans.

Les chiffres

 5 ▶ En cours d'éducation physique, écoute la prof et répète : *1 un, 2 deux, 3 trois, 4 quatre, 5 cinq, 6 six, 7 sept, 8 huit, 9 neuf, 10 dix.*

 6 ▶ Seulement 10 ? Continue avec elle jusqu'à 20 : *11 onze, 12 douze…*

📖 Des mots pour...

Décrire (adjectifs)

sympa/sympa
jeune/jeune
grand/grande
petit/petite
blond/blonde
brun/brune
gros/grosse

Parler du collège

un(e) élève
un professeur
un(e) surveillant(e)
une classe
la cour
la directrice

Dans la classe

 1 ❯ Écoute le nom des objets et répète.

un cahier

un livre

un crayon

une trousse

des ciseaux

un sac à dos

un stylo

une règle

 2 ❯ Cherche les objets précédents sur la photo.

un tableau

 3 ❯ Observe le tableau. Pour former le pluriel, qu'est-ce qu'on ajoute ?

⚙ Comment ça marche ?

Le pluriel		
	singulier	pluriel
articles indéfinis	un, une	de**s**
articles définis	le, la, l'	le**s**
noms	livre	livre**s**
adjectifs	blond	blond**s**

 **Annexe** page 71

 4 ❯ Cite cinq objets de ta classe et écris la liste dans ton cahier.

Exemple : *5 sacs à dos, 8 stylos bleus...*

Les profs

 5 ❯ Écoute le professeur et retrouve la situation.

a. Le professeur est...
- un homme.
- une femme.

b. La situation est...
- au début du cours.
- à la fin du cours.

c. Qui est absent ?
- Jonathan.
- Pauline.
- David.
- Aurélie.

d. Qui est en retard ?

 6 ❯ Et toi? Est-ce que tu es souvent en retard ?

Les chiffres

 7) Écoute le professeur et répète.

 8) Continue avec lui...   *28, 29, 30... 31, 32...*

 9) Continue jusqu'à 69.

Dans ma classe, il y a 27 élèves ! 20, 21, 22, 23, 24, 25, 26, 27 !

En français, s'il vous plaît !

Comment on dit « holidays » en français ?

Vous pouvez répéter, s'il vous plaît ?

Taisez-vous !

Maxime, répète !

Je ne comprends pas.

Vous comprenez ?

Répétez !

Lisez !

Qu'est-ce que ça veut dire « souvent » ?

10) Lis les questions et consignes de classe et réponds.

 a. Que dit le professeur ?
Que disent les élèves ?

 b. Écoute et vérifie.

Écrivez !

Le [s] de *absent* et le [z] de *présent*

 11) Écoute et lève la main quand tu entends le son [z] puis vérifie.

- Lisez !
- la classe
- Taisez-vous !
- S'il vous plaît !
- quatorze
- français
- trente-sept

 12) Écoute : tu entends le son [z] ? Ce sont des liaisons.

- le<u>s </u>élèves
- le<u>s </u>enfants
- de<u>s </u>éléphants

Virelangue

Zazie au zoo zozote devant les éléphants.

Za, alors !

Leçon 3 ▶ **Des matières à faire** _____

 1 ▶ Regarde l'emploi du temps de Pauline et réponds dans ton cahier.

a. À ton avis, SVT, c'est…
- Salsa, Valse et Tango ?
- Sciences de la Vie et de la Terre ?
- Spécial Vampire Terrible ?

b. Et EPS, c'est…
- Éducation Physique et Sportive ?
- Élève Pas Sympa ?
- Enseignement Pas Sérieux ?

	LUNDI	MARDI	MERCREDI	JEUDI	VENDREDI
8h-8h55	français	histoire-géo / arts plastiques	français	anglais / maths	EPS (à 8h30)
9h-10h					
10h-10h30		RÉCRÉ ! ☺			
10h30-11h25	anglais	SVT	histoire-géo	physique-chimie ☹	maths
11h25-12h					
		CANTINE			
14h-14h55	maths	EPS (jusqu'à 15h30)		musique / français	anglais / techno (jusqu'à 16h30)
15h-15h55	éducation civique				☺
16h-17h					

 2 ▶ Retrouve la terminaison de *géo-, techno-, math-* :
- *émathiques* / • *graphie* / • *logie*.

 3 ▶ Compare avec ton emploi du temps : tu as combien d'heures de maths ?… de langues étrangères ?…

 4 ▶ Écris ton emploi du temps en français dans ton cahier.

5 ▶ Écoute Pauline (de 5ᵉ) et Antoine (de 3ᵉ) parler des professeurs. Réponds aux questions dans ton cahier.

 6 ▶ Réponds.

a. Madame Leclerc, c'est la prof de […]
b. Monsieur Ducroc, c'est le prof de […]
c. Antoine aime bien ☺ […]
d. Antoine déteste ☹ […]
e. Qui est cette personne ?

a. Comment est la prof de SVT ?
b. Et le/la prof de SVT de ta classe ? *Il/Elle est… Il/Elle a…*

La rentrée entre ados

 7) Lis les commentaires des ados. Qui aime quoi ? Qui déteste quoi ?

• • •

Tchat rentrée

Paulinou 98

Les maths, c'est super, j'adore ! Le prof est mignon… J'aime bien les SVT, mais je n'aime pas la prof. Mes copains Sarah et Julien aiment bien cette prof, mais moi…. NOOON !

Bleue Marine

Les maths, oui, c'est bien. Moi, j'adore la physique ! et j'aime bien le français. Ma matière préférée, c'est la musique ! Vous aimez ?

Paulinou 98

La musique ? Quelle horreur ☠ ! C'est nul ! je déteste !

Lyokoguerrier 5

Moi, j'aime bien, mais je déteste les cours de flûte ♪ ! Je préfère les arts plastiques, on regarde des BD.

L'apostrophe

Je déteste   **J'a**ime / **J'a**dore

 8) Retrouve dans le texte les verbes : *adorer, détester, préférer, aimer.* À quelle personne correspond chaque verbe ? Vérifie avec le tableau.

Comment ça marche ?

Les verbes en **-er**	
Je	détest**e**
Tu	détest**es**
Il/Elle	détest**e**
Nous	détest**ons**
Vous	détest**ez**
Ils/Elles	détest**ent**

Annexe page 72

 9) Et toi, quelles matières tu aimes bien ? ☺

[e] de *les* et [ə] de *le*

 10) Écoute et répète en rythme.

JE ME LE BE LE
GÉ MÉ LÉ BÉ LÉ
J'AIME LES BD
JE ME LE BE LE
GÉ MÉ LÉ BÉ LÉ
J'AIME LES PIEDS DE NEZ

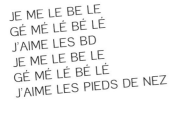

 11) Observe et répète à nouveau.

JE ME LE BE LE		[ə]
GÉ MÉ LÉ BÉ LÉ		[e]

Civilisation › Le collège en France

Collège, école ou lycée ?

 1 › Regarde ce tableau : en France, les jeunes de ton âge vont à l'école, au collège ou au lycée?

 2 › Écoute ces élèves se présenter.

Note leur âge et dis où ils vont : école, collège, ou lycée?

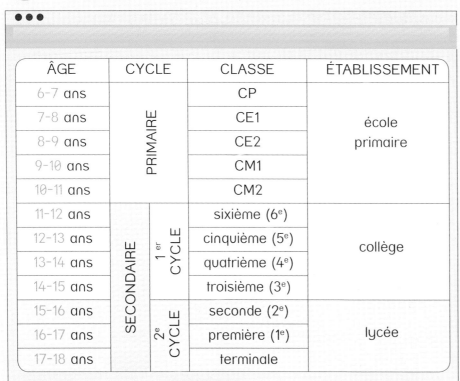

ÂGE	CYCLE		CLASSE	ÉTABLISSEMENT
6-7 ans	PRIMAIRE		CP	école primaire
7-8 ans			CE1	
8-9 ans			CE2	
9-10 ans			CM1	
10-11 ans			CM2	
11-12 ans	SECONDAIRE	1er CYCLE	sixième (6e)	collège
12-13 ans			cinquième (5e)	
13-14 ans			quatrième (4e)	
14-15 ans			troisième (3e)	
15-16 ans		2e CYCLE	seconde (2e)	lycée
16-17 ans			première (1e)	
17-18 ans			terminale	

Morgane

Rayan

Boris

« Vive les vacances ! »

En France, la rentrée, c'est la première semaine de septembre !
Mais il y a beaucoup de vacances pendant l'année scolaire :

- les vacances de la Toussaint (octobre),

- les vacances de Noël (décembre),

- les vacances d'hiver (février),

- les vacances de Pâques (avril),

- les vacances d'été (juillet, août).

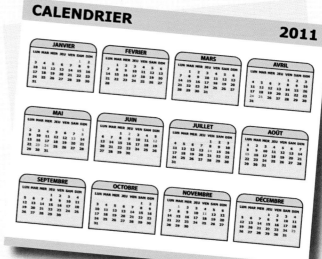

CALENDRIER

2011

 3 › C'est la même chose dans ton pays ? Tu as les mêmes vacances ?

Un collège pas comme les autres

 4) Lis ce publi-reportage et réponds aux questions.

a. Ce collège est pour les élèves :

- bons en sport.
- à problèmes.
- bons en SVT.

b. La matière principale du collège, c'est :

- la piscine.
- les maths.
- le ski.

c. Où se situe le Vercors ? Cherche sur la carte de France.

d. Et dans ton pays ? Il y a des collèges «pas comme les autres» ?

REPORTAGE

Bienvenue au collège Sport Nature de la Chapelle en Vercors !

Le collège de la Chapelle en Vercors est situé dans les montagnes du Vercors, à une altitude de 950 m, au centre du Parc Naturel Régional.
Le collège a 230 élèves. Dans leur emploi du temps, ils ont 3 heures d'activités physiques en pleine nature et 3 heures d'EPS.

> En hiver, le ski est une matière aussi importante que le français ou les maths !

> On a 4 heures de ski de pistes et 4 heures de ski de fond par semaine. C'est super !

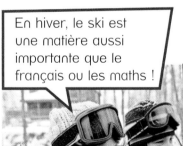

« Si vous êtes sportif, si vous aimez le ski et les sports d'hiver, le collège de la Chapelle en Vercors est pour vous ! »

 5) Imagine : tu vas à un collège «pas comme les autres». Quelle est la matière principale :

le ski ? le football ? le théâtre ? le cinéma ?
la musique ? l'équitation ? le tennis ?

Discute avec ton voisin/ta voisine.

PROJET

Faites la page web de votre collège « pas comme les autres »

Compter de 1 à 50

 1 › Prends une gomme, lance-la à un(e) camarade et dis un nombre. Il/Elle prend la gomme et dit le nombre suivant.

Décrire quelqu'un

 2 › JEU : Pense à quelqu'un que tout le monde connaît dans ta classe. Donne des indices, un à un. Le premier qui trouve, gagne !

● ● ●

Exemple

Élève 1
- *Il a les cheveux gris.*

Élève 2
- *C'est un professeur ?*

Élève 1
- *Oui et il a des lunettes rouges.*

Élève 2
- *Monsieur Ducroc !*

Communiquer en classe

 3 › Imagine : tu es le professeur. Donne des ordres à toute la classe ! Réponds aux questions des élèves.

Vous pouvez répéter, s'il vous plaît ?

Je ne comprends pas.

Comment on dit « ... » ?

Qu'est-ce que ça veut dire « ... » ?

Poser des questions sur quelqu'un

 4 › Regarde ces photos et pose des questions à ton voisin.

Qui c'est ?
Comment il/elle est ?
Il/Elle est dans quelle classe ?
Quel âge il/elle a ?

 5 › Écoute les réponses à tes questions.

Mémoriser le vocabulaire des leçons

 6 › ABÉCÉDAIRE en ronde

Retrouvez des mots connus comme dans l'exemple :

Élève 1
- *A ?*

Élève 2
- *A comme arts plastiques. B ?*

Élève 3
- *B comme BD. C ?*

Élève 4
- *C comme cahier. D ?*

Élève 5
- *D comme détester...*

Pensez aux matières et matériel de classe...

Vous comprenez ?

Leçon 1 ❯ Allô allô ? _____

Qui appelle qui ?

 1 ❯ Écoute et relie les situations aux dessins.

Situation 1

- *Allô Léa, bonjour, c'est Marine.*
- *Bonjour, ça va ?*
- *Oui, ça va. Tu vas à la fête ?*
- *Comment ?*
- *Est-ce que tu vas à la fête ?*
- *Quelle fête ?*
- *L'anniversaire de Valentin.*
- *Ah, oui ! je suis invitée. C'est samedi 22 octobre, à 5 heures.*
- *Super ! À samedi, alors !*
- *OK, à samedi. Salut.*

Situation 2

Le 20 octobre, à 7 heures du matin.

- *Allô... allô... Valentin ?*
- *Oui, allô ?*
- *Valentin, c'est Mamie... Bon anniversaire, mon chéri !!!*
- *Euh, merci Mamie... mais ce n'est pas aujourd'hui.*
- *Ah non !!!????*
- *C'est demain, Mamie ! Mon anniversaire, c'est le 21 octobre.*
- *Mais... quel jour on est aujourd'hui ?*
- *Aujourd'hui, on est le 20 octobre...*
- *Ah, désolée... ! Je t'appelle demain.*

2 ❯ Réponds aux questions.

Situation 1

a. La fête d'anniversaire de Valentin est...
   - le 21 octobre.   - le 22 octobre.

b. Léa...
   - va à la fête de Valentin.
   - ne va pas à la fête de Valentin.

Situation 2

a. Qui téléphone à Valentin ?
   - Marine. - Mamie.

b. L'anniversaire de Valentin est le...
   - 20 octobre.   - 21 octobre.

Pour tous les âges !

 3) Ils ont quel âge ? Relie les dessins aux phrases.

a.

b.

c.

Nous avons 13 ans. Elle a 77 ans ! J'ai 12 ans.

 4) Écoute le verbe *avoir*. Où sont les liaisons ?

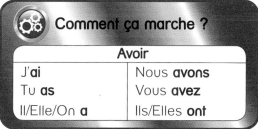

Comment ça marche ?

Avoir	
J'ai	Nous **avons**
Tu **as**	Vous **avez**
Il/Elle/On **a**	Ils/Elles **ont**

Annexe page 76

 5) Cherche deux camarades qui ont 12 ans et un(e) camarade qui a 11 ans.

 On a 13 ans !   on * = *nous*

On compte !

 6) Écoute les dizaines puis répète !

Dix, vingt, trente, quarante, cinquante, soixante, soixante-dix, quatre-vingts, quatre-vingt-dix, cent !

 7) Écoute et répète les numéros de téléphone de Marine.

8) Donne ton numéro de téléphone à un(e) camarade.

Questions et réponses

 9) Écoute et réfléchis.

Tu vas à la fête ?   Est-ce que tu vas à la fête ?   Oui !!!   Non.

a. Les deux questions ont le même sens ?

b Quelles sont les deux réponses possibles ?

 10) Écoute ces deux situations et réponds.

- Tu vas à la fête ?
- **Quelle** fête ?
- **La** fête de Valentin.

- **Quel** jour on est ?
- **Le** 20 octobre.

On emploie *quel* au féminin ou au masculin ?

 11) Valentin prépare un quiz sur le cinéma pour sa fête. Aide-le à trouver des questions avec *quel, quelle, quels, quelles.*

Quiz Cinéma

Quelle est la couleur des cheveux de Johnny Depp ?

Quel est le nom de la fille Navi dans le film *Avatar*?

Quel jour on est ?

 12) Relie les dates aux mois de l'année.

a. 25/12/2011	**1.** janvier	
b. 1/1/2012	**2.** avril	
c. 24/04/2013	**3.** décembre	
d. 25/05/2015	**4.** juillet	
e. 27/07/2009	**5.** août	
f. 28/08/2009	**6.** mai	

L'invitation

1 › Lis cette carte d'invitation et réponds aux questions.

Je t'invite à mon anniversaire !

C'est mon anniv'. Tu viens chez moi ?
Je t'invite !

    Valentin

Quand ? 22 octobre – 17 h

Où ? 18 rue de Waterloo, 75014, Paris

Contact Tél.: 06 24 35 12 87

a. C'est une invitation pour...
- une excursion.
- un anniversaire.

b. La fête, c'est...
- chez Valentin.
- dans un parc.

c. La fête, c'est...
- le matin.
- l'après-midi.

Oui et non

2 › Lis ces textes et réponds.

Chez = *le domicile de (Valentin)*

a. Qui va à la fête de Valentin ?

b. Qui ne va pas à la fête de Valentin ?

Désolée Valentin,

Le 22 octobre,
je ne peux pas venir.
Je vais au cinéma
avec Mamie.
Dommage !
Bises.
Aude

mleibniz@gmail.com
à : valentin99@yahoo.fr
objet : anniversaire
Valentin,
Merci pour ton invitation mais
samedi, je ne suis pas libre : j'ai
un match de foot.
Désolé.
Salut,
Mathieu

thomato@hotmail.com
à : valentin99@yahoo.fr
objet:
Valentin,
Le 22 octobre, je viens, c'est
d'accord !
Et Aude, elle vient ?
Salut,
Thomas

Biz Bastien

Salut. Merci
pour l'invit'.
Super ! On
vient Julien et
moi.
Tchao Bastien

3) Qu'est-ce qu'on dit pour accepter une invitation et pour refuser ? Fais 2 listes dans ton cahier.

 4) Écoute ces conversations téléphoniques. Réponds aux questions.

a. Thomas parle avec...
- Aude et Valentin.
- Aude et Aurélie.

b. Thomas veut savoir...
- qui va à la fête de Valentin.
- qui va à la piscine.

 5) Lis la conjugaison de *aller*. À quelles personnes on retrouve *all-* ?

Comment ça marche ?

Aller
Je **vais**
Tu **vas**
Il/Elle/On **va**
Nous **allons**
Vous **allez**
Ils/Elles **vont**

Annexe page 76

La fête des sons !

 7) Écoute ces mots. Tu entends [e] de *chez* ou [ɛ] de *fête* ?

collège – présent – école – matières – écris – faire – rentrée – être

 8) Écoute la chanson et chante.

 6) Observe la négation. Où se trouve le verbe ?

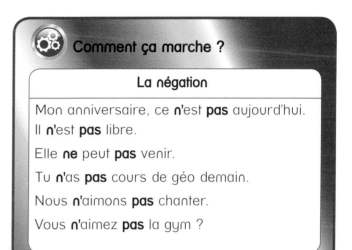

Comment ça marche ?

La négation
Mon anniversaire, ce **n'**est **pas** aujourd'hui.
Il **n'**est **pas** libre.
Elle **ne** peut **pas** venir.
Tu **n'**as **pas** cours de géo demain.
Nous **n'**aimons **pas** chanter.
Vous **n'**aimez **pas** la gym ?

Annexe page 74

Je **ne** vais **pas** chez Valentin.

 Le cinéma ➔ Je vais **au** cinéma.
La fête ➔ Elle va **à la** fête.

Je vais à la fête

De la belle Alizée

Il y a aussi Juliette

On va bien danser !

Il y a de l'ambiance !

 1 ❯ Regarde le dessin et trouve :

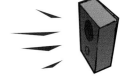

a. Les frères Térieur : ce sont des jumeaux.

b. Gaëlle : c'est une fille rousse aux yeux verts, avec de grandes dents. Elle est debout. Elle est contente !

c. Manon : c'est une fille avec des cheveux bruns et bouclés et un collier.

d. Bastien : il a un chapeau.

e. Thomas : il est assis, il a des boutons. Il est triste.

f. Lucie : c'est une fille blonde avec des cheveux raides et longs.

C'est un garçon.
C'est une fille.
Ce sont des jumeaux.

2 › Un verbe pour décrire : *être*.

a. Cherche dans les leçons et complète la conjugaison du verbe *être*.

 **Comment ça marche ?**

Être	
Je…	Nous **sommes**
Tu **es**	Vous **êtes**
Il/Elle/On **est**	Ils/Elles…

Annexe **page 76**

 b. Écoute et vérifie.

 3 › Écoute les deux dialogues.

a. Observe le dessin et trouve les personnes qui parlent.

b. Réponds.
- Deux filles parlent de…
  Valentin.   Bastien.   Thomas.
- Elles trouvent le garçon…
  mignon.   moche.   sympa.
- Le garçon et la fille…
  se connaissent.   ne se connaissent pas.
- Le garçon est…
  au collège Voltaire.   au collège Prévert.

Les potins de la fête

 4 › Décris les garçons et les filles de la fête (Thomas, Lucie, Manon, etc.).

📖 **Des mots pour…**

Décrire une personne

Il/Elle est mignon/mignonne, beau/belle, moche*, laid/laide, brun/brune, blond/blonde, roux/rousse…

Il/Elle a les cheveux bruns, blonds, roux, longs, courts, bouclés, raides, de beaux yeux, un beau sourire, des boutons, des lunettes, un collier, un chapeau, une casquette…

Civilisation 〉 Comment on fait la fête en France ?

En France, on fête son anniversaire à la maison ou on propose plein de... SORTIES !!!

 1 〉 Quelle(s) invitation(s) tu préfères ?

2 〉 Trouve une idée originale pour fêter ton anniversaire.

PROJET

Fais ta carte d'invitation !

›› Bilan ›

Les nombres de 0 à 100

trente-trois *cinq*
neuf *vingt-huit* *sept*
six
deux *quatre*
soixante

 1 › Écoute les numéros des départements français et prends note.

 2 › Donne ton numéro de téléphone portable comme dans l'exemple : *666 06 73 12*

Dire la date

 3 › Voici la date de naissance de quelques célébrités...

a. Dis-la à voix haute !

Coralie Balmy, nageuse : née à la Trinité (France), le 2/06/87.

Marc-André Grondin, acteur : né à Montréal (Québec), le 11/03/84.

Samuel Eto'o, footballeur : né à Nkon (Cameroun), le 10/03/81.

K-maro, chanteur : né à Beyrouth (Liban), le 31/01/80.

David Guetta, D.j. : né à Paris (France), le 7/11/67.

 b. Écoute la correction.

Inviter quelqu'un - Accepter/Refuser une invitation

4 › Tire au sort le nom d'un(e) camarade de classe. Appelle-le/la au téléphone. Propose une sortie. Il/Elle accepte. Il/Elle refuse.

Allô ? Ça va ?
C'est moi ...
D'accord, OK, super !
Désolé(e), je ne peux pas, dommage !

Se présenter - Présenter quelqu'un - Poser des questions

 5 › Invente une identité, puis présente-toi à tes camarades.

 6 › Un camarade vient se présenter avec une autre identité.

Le point sur la grammaire ❯

Les conjugaisons

 1 ❯ Retrouve la bonne conjugaison et recopie le texte dans ton cahier.

● ● ●

C'est / es / ai samedi. D'abord, Valentin vas / va / allez à la piscine, ensuite il préparent / prépare / prépares la fête de l'après-midi. Tous les copains ont / vont / êtes à la fête ! On sonne / sonnent / sonnez à la porte. Valentin a / va / allez ouvrir. Tous les copains ont / sont / allons là ! « Ah, vous aller / être / êtes là ! » dit Valentin, content !

Le féminin et le masculin

 2 ❯ Transforme les phrases au féminin. Écris sur ton cahier.

a. Il est grand et blond.

b. Il est gros et roux.

c. Il est mince, brun, jeune et sympa.

La négation

 3 ❯ Complète les phrases avec la négation. Écris sur ton cahier.

a. Il (…) petit et brun, il est grand et blond !

b. Ce (…) un professeur, c'est un élève.

c. Il (…) danse (…), il court.

Le pluriel

 4 ❯ Transforme les phrases au pluriel. Écris sur ton cahier.

a. Il est grand et brun.

b. Elle est professeur.

Les articles

 5 ❯ Trouve l'article qui correspond et recopie le texte dans ton cahier.

● ● ●

Le / La monsieur avec le / la casquette, c'est un / la professeur. C'est le / un professeur de mathématiques des 5ᵉ B. C'est un / une / le bon professeur : il aime bien un / les élèves. Il donne les / des / un exercices intéressants.

Leçon 1 ›

Photos de famille
• Tu présentes ta famille.

Leçon 2 ›

Noël et compagnie
• Tu parles de tes projets pour Noël.

Leçon 3 ›

Beaucoup de cadeaux !
• Tu demandes un cadeau.
• Tu devines des cadeaux.

Leçon 1 ❯ Photos de famille

Mamie vient à Noël

 1 ❯ Écoute le dialogue.

a. Trouve Dora et Samy sur l'image.

b. Trouve la grand-mère de Samy sur l'image. Où est-ce qu'elle habite ? Quand est-ce qu'elle vient ?

Dialogue 1

Camille : C'est qui, le bébé ?
Samy : C'est mon petit frère, Rayan.
Camille : Et la fille, c'est ta sœur ?
Samy : Oui. Elle s'appelle Dora.
Camille : Elle est sympa ?
Samy : Euh, bof ! On se dispute toujours !

Camille : Et lui, c'est ton père ?
Samy : Oui, et elle, c'est ma mère, Valérie...
Camille : Et cette dame, là, c'est qui ?
Samy : C'est ma grand-mère Leïla, la maman de mon père. Elle vient pour Noël.
Camille : Elle habite où ?
Samy : À Oran, en Algérie.

 **2 ❯ Observe le tableau des pronoms toniques. De qui ils parlent ?
qui est *lui* ? qui est *elle* ?**

Camille : Et **lui**, c'est ton père ?
Samy : Oui, et **elle**, c'est ma mère.

Comment ça marche ?

Les pronoms toniques	
moi, je	**nous,** nous
toi, tu	**vous,** vous
lui, il	**eux,** ils
elle, elle	**elles,** elles

 Annexe page 72

 **3 ❯ Apporte des photos de tes artistes préférés.
Présente-les à tes camarades.**

Eux, c'est les Jonas Brothers et lui, c'est Nick Jonas à 15 ans.

Des mots pour...

Poser des questions sur...

- ...*quelqu'un*
C'est **qui** ?
Qui est ton prof de maths ?
- ...*un endroit*
Elle habite **où** ?
Où est ton livre de français ?
- ...*un moment*
Elle arrive **quand** ?
C'est **quand** ton anniversaire ?

4) Regarde l'image et trouve les personnages.

a. Camille a 12 ans et elle est blonde. Trouve-la.

b. Montre aussi son grand-père, sa grand-mère, son père, sa mère et sa sœur.

 5) Écoute le dialogue 2 et réponds oralement aux questions.

a. Le grand-père et la grand-mère de Camille habitent
- à Lyon.
- en Guadeloupe.

b. Ils…
- viennent à Noël.
- ne viennent pas à Noël.

c. La mère de Camille est…
- contente.
- furieuse.

 6) Observe le tableau des adjectifs possessifs et complète la phrase de Samy dans ton cahier.

… sœur s'appelle Dora, … amie s'appelle Camille et … chien, c'est Kleps.

Comment ça marche ?

Les adjectifs possessifs			
masculin singulier	**mon** père	**ton** père	**son** père
féminin singulier	**ma** mère	**ta** mère	**sa** mère
masculin et féminin pluriel	**mes** parents	**tes** parents	**ses** parents

Attention !
Devant une voyelle
***mon a**mie*
***ton é**cole*

Annexe page 72

7) Photomontage ! Présente ta famille imaginaire pour le journal de la classe.

Moi — Mon père — Ma mère — Mon frère — Mon chien — Mon grand-père

Leçon 2 » Noël et compagnie

Ah, les fêtes de famille !

1 › Qu'est-ce qu'ils vont faire pour les fêtes ?
Relie les phrases aux dessins.

1. On va bien manger !

2. On va décorer le sapin avec ma tante, j'adore !

4. Je vais m'ennuyer !

3. Je vais avoir beaucoup de cadeaux !

6. Mes grands-parents vont passer les fêtes aux Antilles !

5. Mes cousins de Marseille vont venir à la maison, l'horreur !

7. Nous allons faire du ski à Chamonix avec toute la famille !

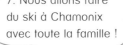

a.

b.

c.

d.

e.

f.

g.

2 › Écoute la correction.

3 › Et toi, qu'est-ce que tu vas faire pour les fêtes ? Tu vas partir en vacances ?

Encore la famille !

5 › Relie les définitions aux noms.

a. Le frère de ma mère, le mari de ma tante.
b. La sœur de ma mère, la femme de mon oncle.
c. Le fils de mon oncle et de ma tante.
d. La fille de mon oncle et de ma tante.

1. ma tante
2. ma cousine
3. mon oncle
4. mon cousin

4 › Les questions de l'activité précédente sont au futur proche. Observe sa construction et compar avec ta langue.

 **Comment ça marche ?**

Le futur proche
aller + infinitif
Je **vais voir** ma cousine Julia à Noël !

Annexe page 73

6 › Invente des définitions comme dans l'activité précédente. Tes camarades devinent le nom.

- *Le père de mon père ?*
- *Ton grand-père.*

Cadeaux de Noël

En France, c'est à Noël qu'on a des cadeaux ! Beaucoup de cadeaux ?!

 7) Regarde les deux situations. Tu es d'accord avec la maman ?

> Oh zut, je n'ai pas de cadeau pour ma mère !

> Ce n'est pas possible ! Ces enfants ont trop de cadeaux !

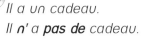
> Il a un cadeau.
> Il **n'** a **pas de** cadeau.

 8) Sondage. Tes camarades et toi, vous avez beaucoup de cadeaux à Noël ? Vous achetez un cadeau pour votre père, votre mère ? Faites une enquête dans la classe.

a. Recopie cette fiche et interroge quatre élèves.

> **Prénom :**
> Il/Elle...
> - a 1 cadeau et +   • a 10 cadeaux et +.
> - n'achète pas de cadeau à son père.
> - achète 1 cadeau à sa mère.
> - n'achète pas de cadeau à sa mère.

b. Comptez et commentez les résultats des fiches.

[ʃ] comme *acheter* et [ʒ] comme *manger*

 9) Lève la main quand tu entends le [ʒ].

 10) Répète de plus en plus vite, puis chante comme un chant de Noël.

Comment ça marche ?

La quantité

Tu as **combien de** cadeaux ?

Pas de cadeau

Peu de cadeaux

Beaucoup de cadeaux !

Trop de cadeaux !

Annexe page 73

Virelangue

Un jeune chat jaune achète du chou rouge pour son chaton.

Leçon 3 ❱ **Beaucoup de cadeaux !**

Idées cadeaux

 1 ❱ Regarde la page web. Tu trouves les cadeaux sympas ?

Le site des parents de jeunes de 11 à 20 ans
*Noël arrive : **ID Kdo** pour les ados !*

1. Le bracelet top !
Un très joli bracelet pour jeune fille.

4. La guitare rock.
Pour jouer de la guitare avec les copains.

7. Les baskets mode !

2. Rayman et les lapins crétins ! Jeu vidéo rigolo.

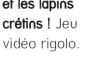

5. La veste sweat de tes rêves.
Super mode !

8. Le kit « observer les oiseaux ».
Pour les fanatiques de la nature !

3. Le Réveil-casque.
Il te réveille le matin pour aller au collège !

6. Le sac rétro Rolling Stones.
Pour un look très rock !

9. Le kit « beauté pyjama party ».
Entre copines !

 2 ❱ Écoute le dialogue entre la mère et la sœur de Samy.

a. Dora choisit 3 objets. Montre-les sur la page.
Qu'est-ce qu'elle veut ?

b. Quelle est la réaction de sa mère ?

 3 ❱ Et toi, quels cadeaux de ce site tu voudrais pour Noël ?

Je voudrais le kit « beauté pyjama party ».

 Comment ça marche ?

Vouloir	
Je **veux**	Nous **voulons**
Tu **veux**	Vous **voulez**
Il/Elle/On **veut**	Ils/Elles **veulent**

➡ **Annexe page 77**

Qu'est-ce que tu veux ?
Qu'est-ce que tu voudrais ?
Je veux…, Je voudrais…

Kdos mode

Les vêtements aussi sont de très bonnes idées de cadeaux.

 4) Dans ton cahier, fais la liste des vêtements que tu voudrais pour Noël ; indique la couleur.

Je voudrais... des baskets roses,...

Les couleurs

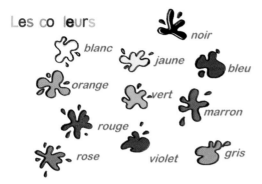

blanc
noir
jaune
bleu
orange
vert
marron
rouge
rose
violet
gris

Un anorak
Un blouson
Un t-shirt
Des chaussures
Une jupe
Une robe
Un sweat-shirt
Un jean
Des baskets

Qui achète quoi ?

 5) Regarde les deux dessins et écoute. De qui ils parlent ? Qui est *nous, eux, lui* et *elle* ? Qu'est-ce que veulent les enfants ? Qu'est-ce que veulent les parents ?

Nous, nous allons avoir des cadeaux et **eux, ils** vont acheter les cadeaux !

Toi, tu veux des baskets Mike.
Lui, il va avoir un os en plastique.
Elle, elle veut une jupe en jean.
Et moi ? Moi, je voudrais une montre !

 6) Et dans ta famille, qui achète les cadeaux ? Qui veut quoi ? Qui va avoir quoi ?

Qu'est-ce que c'est ?

 7) Jeu. Devine ton cadeau. Ton / Ta camarade pense à un cadeau pour toi. Pose des questions pour deviner.

- *C'est rond ?*
- *C'est rectangulaire.*
- *C'est en tissu ?*
- *Oui.*
- *C'est rouge, bleu ?*
- *Jaune, ta couleur préférée.*
- *C'est un t-shirt ?*
- *Oui !!!*

Des mots pour...

Deviner des objets

C'est (rond) (rectangulaire) (carré) ?

C'est en ... ?

C'est ... marron ... jaune ... noir ... ?

C'est + article + nom de l'objet ?

Civilisation › Les fêtes de fin d'année

Joyeux Noël !

 1 › Regarde les photos de Noël et lis les informations.

La bûche de Noël

Le champagne

La dinde aux marrons

Le père Noël

Le sapin de Noël

Les cadeaux

À Noël, en France, il y a toute la famille.
On mange, on boit. On ouvre les cadeaux.
On se dit : Joyeux Noël !

 2 › Et dans ton pays, qu'est-ce qu'on mange à Noël ? Qu'est-ce qu'on se dit ?

Bonne année !

 3 › Lis le texte de la photo. Et chez toi ? Qu'est-ce qu'on fait ? Qu'est-ce qu'on se dit pour la nouvelle année ?

Il y a beaucoup de gens.
Il y a des feux d'artifice.
On danse, on rit.
On se dit : *Bonne année !*

Noël sous les tropiques

4 ▶ Lis cette publicité.

Venez passer Noël en famille, sous le soleil des Antilles...

...au village du **club Ned** *Les colibris*, en **Guadeloupe**

● *Pour les parents et grands-parents* : détente au bord de la piscine, cours de gym et aquagym, adaptés à tous les âges.

● *Pour les parents sportifs* : cours de sports aquatiques, randonnées à pied, à cheval ou en vélo !

● *Pour les enfants* :

- *Mini Colibris* (enfants de 4 à 10 ans) : activités sportives et ludiques avec des moniteurs, toute la journée.
- *Junior Colibris* (jeunes de 10 à 17 ans) : découverte des sports nautiques de l'île de la Guadeloupe (surf, plongée, kitesurf, snorkling, etc.), randonnées VTT, soirées entre ados dans la discothèque *Junior*…Vous dansez avec les jeunes de l'île !

Prix spécial familles pour les vacances de Noël. Réductions enfants et adolescents ! Gratuit pour les moins de 4 ans !

Le soir, toute la famille se retrouve au bar ou au restaurant self-service et peut fêter Noël en famille !

5 ▶ Réponds aux questions.

a. Le village *Les colibris* du club Ned propose :
- des vacances pour les personnes âgées seulement.
- des vacances pour toute la famille.

b. Où se trouve le village du Club Ned *Les colibris* ?
- Aux Caraïbes.
- En Afrique.

c. Pendant que les parents se reposent, qu'est-ce que font les ados ?
- Ils s'occupent des enfants et des grands-parents.
- Ils font des cours de sports nautiques, des randonnées.
- Ils s'ennuient.

6 ▶ Tu voudrais passer Noël au village *Les colibris* avec ta famille ?

PROJET

Imagine un Noël « pas comme les autres »

www

Présenter sa famille

 1) Écoute le dialogue et regarde l'image.
Retrouve de qui parlent Samy et Camille.

 2) Présente cette famille.

Parler de ses projets

 3) Qu'est-ce que tu vas faire après Noël
? Échange avec un(e) camarade.

futur proche : aller + *infinitif.*

Demander un cadeau

 4) Fais ta liste de cadeaux.

futur proche : aller + *infinitif*

 5) À qui tu vas demander tes cadeaux ?

Joue la scène avec un(e) camarade.
Tu es toi, ton/ta camarade est ton père, ta mère
ton grand-père, etc.

Qu'est-ce que tu veux comme cadeau ?
Je voudrais, je veux...

Deviner un cadeau, un objet

 6) Regarde ces 4 personnages. Pense à un
cadeau pour eux. Tes camarades doivent
deviner.

C'est grand, petit, rond, carré ?
C'est rouge, jaune, etc.?
C'est en métal, en tissu, en plastique ?

Leçon 1 ›

Qu'est-ce qu'on fait ?

- Tu fais des activités.
- Tu parles de tes loisirs.

Leçon 2 ›

Comment on fait ?

- Tu donnes et tu reçois des instructions.
- Tu découvres ton corps.

Leçon 3 ›

J'ai mal !

- Tu exprimes des sensations.
- Tu donnes des conseils.

Les activités : ils adorent !

 1 Observe les dessins et donne les bons numéros. Qui fait...

a. ...un sport d'équipe (*football, handball, basket-ball,* etc.) ?

b. ...un sport de combat (*karaté, judo, escrime, boxe,* etc.) ?

c. ...un sport nautique (*voile, natation, canoë-kayak,* etc.) ?

d. ...de la musique (*piano, guitare, violon, clarinette,* etc.) ?

e. ...du théâtre ?

2 Écoute la correction et répète.

Mon temps libre

3 › Écoute ce dialogue entre un garçon et une fille.

a. Ils parlent de plusieurs activités. Montre-les sur le dessin.

b. Qu'est-ce que fait la fille ? Qu'est-ce que fait le garçon ? Qu'est-ce qu'il ne fait pas ?

4 › Observe les phrases avec le verbe *faire* et réponds.

a. Le mot qui suit *du* est masculin ou féminin ?

b. *Du*, c'est *de* + (...) ? Et *des* ?

Comment ça marche ?

Faire de + activité
Je fais **du** basket.
Tu fais **de la** natation.
Il/Elle/On fait **des** claquettes.
Nous faisons **de l**'athlétisme.
Vous faites **du** piano.
Ils/Elles font **de la** voile.

Annexe page 71

5 › Quelles activités tu fais pendant ton temps libre ? Écris dans ton cahier.

Je fais...

Les sons [õ] et [ã]

6 › Écoute la chanson.

Qu'est-ce qu'ils font
Là-dedans ?
De la natation
mais pas seulement.
Qu'est-ce qu'ils font
là-dedans ?
Ils jouent au ballon
avec des harengs !

7 › Cherche d'autres mots qui ont le son [õ]. Écris dans ton cahier et compare avec la classe.

Jeu de Mime

8 › Avec un(e) camarade, mime un sport ou un loisir. Tes camarades devinent.

Du basket, vous faites du basket !!

On fait comme ça !

1 ❯ Regarde les images puis retrouve l'ordre des instructions.

Situation 1 : un cours de tennis

a. Plie le bras droit, la raquette devant les yeux. Place la balle sous ta raquette.

b. Un, deux, trois, vas-y ! Recommence !

c. Prends la balle de ta main gauche, la raquette de ta main droite.

d. Oui, mais lève le coude droit. À hauteur de ton épaule. Comme ça, oui !

2 ❯ Écoute la correction.

3 ❯ Tu aimes faire des acrobaties ? Écoute ce cours collectif pour faire un salto arrière sur un mur et mets les quatre images dans l'ordre.

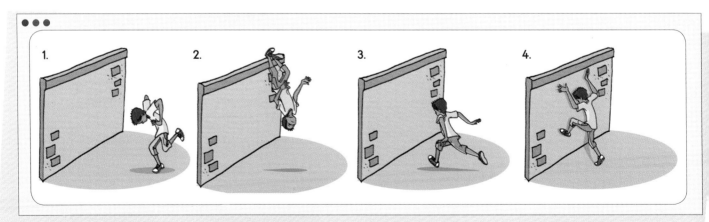

Situation 2 : un cours d'acrobatie

a. Courez vers un mur, les bras en arrière.

b. Posez le pied gauche sur le mur, baissez la tête et levez les bras : vous commencez la rotation.

c. Sautez les jambes en l'air, vous regardez le sol.

d. Vous atterrissez avec le pied droit, puis vous posez le pied gauche sur le sol.

Attention, entraînez-vous avec un moniteur !!!

Un corps en forme

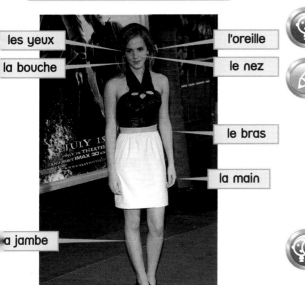

les yeux

la bouche

a jambe

le pied

l'oreille

le nez

le bras

la main

 4) Quels mots du corps on trouve dans ces deux cours ?

 5) Dans ton cahier, relie les verbes aux parties du corps.

a.	prendre	**1.**	les yeux
b.	courir	**2.**	les oreilles
c.	voir	**3.**	la bouche
d.	manger	**4.**	la main
e.	écouter	**5.**	les jambes

6) Mime différentes actions avec les verbes : *courir, plier, sauter, prendre, lancer.* Tes camarades devinent ce que tu fais.

 7) Observe le tableau de l'impératif et réponds.

a. Quel est l'infinitif des verbes ?

b. Compare l'impératif avec le présent de l'indicatif.

 8) Cherche d'autres impératifs dans le livre. Écris la liste dans ton cahier.

Des mots pour...

Parler des mouvements
en haut / en l'air
en arrière
en avant
en bas / par terre

9) Vérifie que tu comprends les mouvements précédents. Mets tes cheveux en l'air, puis en arrière, puis en avant...

 10) Jeu : le robot.

Tu donnes des instructions à ton nouveau robot : un(e) camarade. Il fonctionne bien ?

Lève la main !

Lance la balle !

Saute, les bras en avant !

Comment ça marche ?

L'impératif
Lève le bras !
Prends la balle !
Levons les bras !
Partez !
Courez vers le mur !

 Annexe page 73

Pose ta main sur la tête.

Leçon 3 ⟫ **J'ai mal !**

 1 ⟫ Observe l'*homo televisus,* alias Théo. Retrouve les mots qui manquent sur l'image. Puis réponds aux activités a. et b.

   a. Théo   • joue du violon.   • regarde la télévision.
   b. Il   • est en forme.   • n'est pas en forme.

l'épaule

le front

le dos

le ventre

le pouce

le poignet

 2 ⟫ Trois objets importants de Théo : son téléphone portable, son *Ipod* et sa *Nintendo* sont dans le salon. Où est-ce qu'ils sont ? Réponds avec : *sur, sous, devant.*

Je ne me sens pas bien !

 3) Écoute le dialogue 1 et réponds.

a. Qui parle ?
- Un ado et sa mère.
- Un docteur et son patient.

b. Théo a mal...
- à la tête, au ventre et aux yeux.
- à la tête, au pied et aux oreilles.

c. C'est parce qu' ...
- il fait trop de sport.
- il regarde trop la télévision.

 Il joue **au** football, **au** basket, **aux** jeux vidéo.
Il joue **du** piano, **de la** guitare.

 5) Observe et réponds :
au, c'est *à* + *le* et *aux,* c'est *à* + (...) ?

Comment ça marche ?

| Le ventre → J'ai mal **au** ventre. |
| La tête → J'ai mal **à la** tête. |
| Les oreilles → J'ai mal **aux** oreilles. |

 Annexe page 71

 Des mots pour...

Donner des conseils

Il faut + infinitif
Il faut manger des fruits tous les jours.

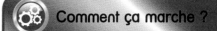 **Comment ça marche ?**

| La cause |
| **Pourquoi** il a mal au ventre ? |
| **Parce qu'il** mange trop de chips. |
| **Pourquoi** il est gros ? |
| **Parce qu'il** ne fait pas de sport. |

 Annexe page 75

4) Écoute le dialogue 2 et réponds.

a. Qui parle ?
- Un ado et sa mère.
- Un docteur et son patient.

b. Théo a mal...
- à la tête et au ventre.
- à la main et au poignet.

c. C'est parce qu' ...
- il joue du violon.
- il joue aux jeux vidéo.

d. Les conseils du docteur :
- Il faut continuer à jouer aux jeux vidéo.
- Il faut arrêter de jouer aux jeux vidéo.

 6) Ton camarade n'est pas en forme. Donne des conseils.

Il faut dormir plus !
Il faut faire du sport !

Mon pantalon est trop petit !

Il faut arrêter de manger du chocolat et des gâteaux !

Civilisation ❭ La capoeira : un sport à la mode

Salut, moi c'est *Alban,* alias *Jogador.*
Je fais de la capoeira à Rennes
depuis l'âge de 12 ans.
C'est beaucoup plus qu'un loisir,
c'est ma passion !

Bonne visite à tous !

La capoeira est un art martial, une technique de
combat. Elle se base sur des coups de pieds, des
esquives et des mouvements acrobatiques.
Mais on fait les mouvements et les combats sur des
rythmes et des chants brésiliens ! J'adore !
Dans mon Club, à Rennes, il y a des cours pour ados
(11-16 ans). On est entre nous, on s'amuse ! VENEZ !

Cliquez ici pour voir toutes les diapos du club !

ajouter un message - 25 commentaires - partager ❭❭

écrire un message   faire un cadeau   ajouter à mes amis

Vous aimez les acrobaties, le breakdance ?
Vous aimez les sports de combat ?
Vous aimez les arts martiaux ?
Vous aimez la danse, le rythme ?
Alors vous allez aimer la capoeira et vous allez
découvrir le Brésil !

Regardez cette démonstration
pendant le festival des Arts Martiaux !

ajouter un message - 80 commentaires - partager ❭❭

1 ❭ Quel est le sport préféré d'Alban ?

2 ❭ Tu connais ce sport ?

3 ❭ Est-ce que tu fais un sport semblable ?

4 ❭ Est-ce qu'on fait ce sport dans ta ville ?
Renseigne-toi !

● ● ●

PROJET

Fais le blog de ton activité préférée.

Parler de ses loisirs

1 ▶ Regarde les images de ces 3 personnages et imagine leurs loisirs.

a.

b.

c.

*Il/Elle fait
du sport, du théâtre,
de la musique...*

Donner des conseils, des instructions

2 ▶ Écoute ces instructions du salto avant sur place et écris-les dans l'ordre.

Cherchez le sol avec la pointe des pieds – atterrissez – placez vos bras en hauteur – et mettez-vous en boule : pliez les jambes ! – lancez vos bras avec force vers l'arrière – et sautez – attrapez vos genoux

3 ▶ Donne trois conseils pour bien apprendre ta leçon de français ou des instructions pour faire un avion en papier.

Exprimer des sensations

4 ▶ Réagis à ces situations avec une phrase :

a. Tu manges une énorme glace à la fin d'un gros repas et après tu dis....

b. Tu cours pendant 3 heures et après tu dis....

c. Tu commences un cours de gym et tu dis....

*Je me sens bien/mal.
Je suis en forme.
J'ai mal à...*

Le point sur la grammaire ❯

Les adjectifs possessifs, les pronoms toniques

1 ❯ Recopie et complète avec les mots suivants :

moi – ma – mon – toi

● ● ●

Dora : Le sac est pour (…), il est super !

Nora : Non, c'est (…) sac !

Sa mère : Je voudrais la montre rouge pour Noël ! : (…) montre est cassée !

Dora : (…), je veux un ensemble : une jupe et le t-shirt assortis.

Sa mère : (…), tu vas avoir un pantalon !

Les articles contractés

2 ❯ Recopie et complète avec l'un des articles suivants :
du, de la, des, au ou *aux.*

● ● ●

Je fais (…) vélo et je joue (…) handball. Mon frère, lui, il fait (…) gymnastique et (…) saxophone. Ma sœur fait (…) claquettes et (…) clarinette. Quand elle revient (…) cours de claquettes, elle a mal … pieds ! et quand elle joue … clarinette, nous, on a mal … oreilles !

Conjugaison

3 ❯ Recopie et complète avec les verbes de la liste.

faisons – il faut – vais – allez – va – venez

● ● ●

Demain je (…) au cours d'acrobatie. On (…) apprendre à faire un saut avant et une roue parfaite. (…) aussi apprendre à tomber de côté. Nous (…) beaucoup de progrès avec ce cours ! (…) ! Vous (…) vous amuser !

La quantité

4 ❯ Combien de t-shirts il y a ?
Et combien de jupes, de pantalons ?
C'est beaucoup ?

Unité **5**

La ville

Leçon 1 ❱ Une autre ville

Bienvenue à Adopolis !

 1 ❱ Observe le dessin. Vrai ou faux ?

À Adopolis,...

a. ...il y a deux arrêts de bus.

b. ...il n'y a pas de boulangerie.

c. ...il n'y a pas de centre commercial.

d. ...il y a une pharmacie.

e. ...il y a trois cinémas.

 2 ❱ Dans ton quartier, qu'est-ce qu'il y a** ?**
Qu'est-ce qu'il n'y a pas** ?**

 Il y a des boulangeries.
Il n'y a pas de cinéma,
d'arrêt de bus.

 3 ❱ Réponds dans ton cahier.

Exemple : Pour prendre le bus, on va *à l'arrêt.*

a. Pour acheter un croissant, on va à la (...).

b. Pour voir un bon film, on va (...).

c. Pour boire un soda, on va (...).

d. Pour trouver un livre, on va à la (...).

Faire les magasins

 4) Regarde la vitrine du magasin et complète les phrases oralement. Aide-toi du tableau sur la localisation.

Coraline *est **entre** Alice au pays des merveilles et Planète 51.

a. *Astérix aux Jeux Olympiques* est (...) de *Schrek 4.*

b. *Avatar* est (...) de *Toy Story 3.*

c. *Transformers 2* est (...) de *Planète 51.*

d. *Alice au pays des merveilles* est (...) de *Toy Story 3.*

Notre sélection ciné et jeux

 5) Est-ce que tu aimes les promenades en ville ?
Faire les magasins ?

Où se trouve... ?

 6) Écoute. Où vont Jérémie, Océane et Hugo ?

7) Pose des devinettes sur Adopolis.

C'est **à droite** du cinéma ;
il y a beaucoup de livres.

C'est la bibliothèque !

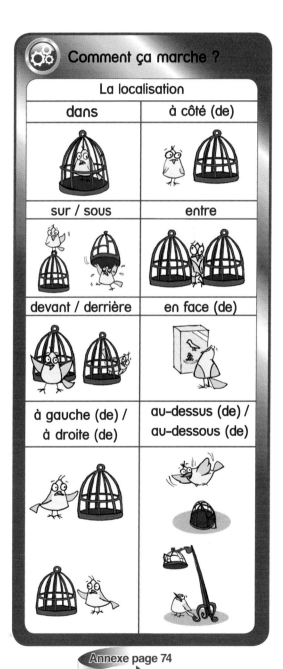

Comment ça marche ?

La localisation	
dans	à côté (de)
sur / sous	entre
devant / derrière	en face (de)
à gauche (de) / à droite (de)	au-dessus (de) / au-dessous (de)

Annexe page 74

Rendez-vous chez moi !

 1 » Écoute le dialogue et mets les images dans l'ordre.

COLLÈGE ANDRÉ MALRAUX
16h55 – Fin du cours de géographie

La prof : N'oubliez pas vendredi les exposés de groupes !
Jonas : Comment on fait pour le travail ?
Lucie : Ben… venez chez moi.
Jonas : Quand ?
Lucie : Mercredi après-midi !

Lucas : D'accord. Tu habites où ?
Lucie : Dans le quartier de la Butte.
Lucas : La Butte ? Mais c'est loin !
Jonas : Non, c'est près du nouveau centre sportif.
Lucie : Prends le bus, c'est rapide !
Lucas : Bonne idée ! Quel numéro ?
Lucie : Le 69, direction Beaupuy, tu descends après la pharmacie. Après, pour aller chez moi, c'est facile… Je fais un plan ?

a.    b.    c.    d.

 2 » Donne la bonne réponse.

a. Lucie habite…
- près du collège.
- loin du collège.

b. Avec qui Lucie va préparer l'exposé ?
- Lucas.
- Jonas et Lucas.

c. Ils vont faire le travail…
- mercredi après-midi.
- jeudi matin.

d. Pour aller chez Lucie, Lucas va prendre…
- le bus.
- le métro.

 3 » Est-ce que tu fais des exposés au collège ? Dans quelles matières ?

 4 » Lis le verbe *prendre*. À quelles personnes on trouve *prend-* de *prendre* ?

 Comment ça marche ?

Prendre
Je **prends**
Tu **prends**
Il/Elle/On **prend**
Nous **prenons**
Vous **prenez**
Ils/Elles **prennent**

 Annexe page 77

 5 » Cherche les mots interrogatifs du dialogue. Écris dans ton cahier.

 Comment…

Pour aller chez Lucie...

 6 ▶ Lucie fait un plan. Écoute ses indications et trouve où elle habite.

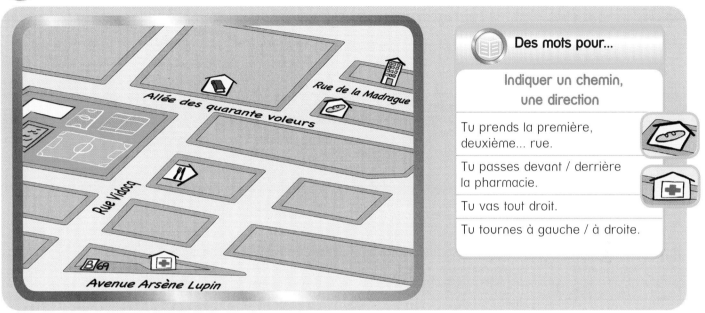

Des mots pour...

Indiquer un chemin, une direction

Tu prends la première, deuxième... rue.

Tu passes devant / derrière la pharmacie.

Tu vas tout droit.

Tu tournes à gauche / à droite.

 7 ▶ Choisis une adresse sur le plan. Guide ton/ta camarade depuis l'arrêt de bus.

Le [b] de *bile* et le [v] de *ville*

 8 ▶ En français, on prononce différemment le *b* et le *v*. Écoute et répète.

| | un bison [bizɔ̃] | ≠ | un vison [vizɔ̃] |  |

 9 ▶ Dans quel ordre tu entends ces paires de mots ?

● ● ●

bague ❷	vague ❶
cube	cuve
boire	voir
bâche	vache
bile	ville
beau	veau
banc	vent

 10 ▶ Écoute et répète.

● ● ●

Virelangue

Voir les beaux veaux baver à côté des vaches brunes qui broutent l'herbe verte, c'est beau !

Mouais. C'est vachement bien !

Leçon 3 》 Orientation et transports

 1 》 Énigme. Six familles habitent au 18, rue de la Madrague. Lis les indices et trouve qui habite à quel étage.

18, rue de la Madrague

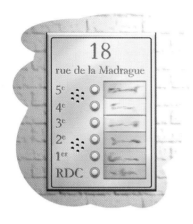

- Les **Dupond** habitent au 3ᵉ étage.
- L'appartement des **Dupont** est au-dessus de l'appartement des **Tremblay**, au dernier étage.
- Les **Bougon** habitent entre les **Jacquemin** et les **Foissac**, la famille du rez-de-chaussée.

Perdu(e) ? Demande !

 2 》 Lucas demande son chemin. Écoute et associe les phrases aux dessins.

1. *Lucas sonne au hasard. Un homme répond.*

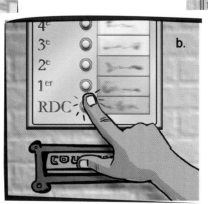

2. *Lucas sonne au 3ᵉ étage.*

3. *Lucas est devant l'immeuble de Lucie. Il ne sait pas à quel étage elle habite. Il demande à une dame.*

 3 》 Réécoute et donne la bonne réponse.

a. Lucie habite…
- au 3ᵉ étage.
- au 5ᵉ étage.

b. Le nom de famille de Lucie est…
- Dupond.
- Dupont.

4) Demande poliment à un(e) camarade le chemin pour aller à la bibliothèque, à la cantine, à la salle informatique...

Moyens de transport

 5) Lis le tableau des moyens de transport.

à		pied
		voiture, bus, métro, taxi
en		train, tramway, rollers
		trottinette
à ou en		moto, vélo

On ne prononce pas tout

 9) Écoute et répète les mots. Quelles lettres on entend ? Quelles lettres on n'entend pas ?

rue – voiture – gens – grand – lis

 Des mots pour...

Demander un chemin, un itinéraire

- S'il te/vous plaît, pour aller à...

- Pardon, tu peux/vous pouvez m'indiquer où se trouve...

- Excuse-moi/Excusez-moi, quel est le chemin pour aller à...

 6) Complète le texte dans ton cahier.

●●●

Ça roule !

En ville, des gens vont au travail (...) voiture ou (...) moto, d'autres préfèrent les transports en commun et vont au travail (...) bus ou (...) métro. On peut aussi aller au travail (...) pied, (...) vélo, (...) rollers ou (...) trottinette.

 7) Écoute et vérifie.

 8) Et toi, comment tu vas au collège ?... au sport ?... voir tes amis ?

10) Conjugue le verbe *habiter* au présent de l'indicatif.

a. Il y a cinq terminaisons différentes à l'écrit. Et à l'oral ?

b. Écoute et vérifie.

Civilisation > J'adore ma ville !

 1) Lis les messages publiés sur le forum.

Tu aimes ta ville et tu veux la faire connaître à des internautes du monde entier ?
Cet espace est pour toi. Parle de ta ville, de ton quartier…

- **Accueil**
- **Forum**
- **Photos**
- **Bonnes adresses**
- **Règlement**
- **Questions**
- **Liens**
- **Contacts**

Allo !
Je m'appelle Logan et j'habite à Montréal, au Québec (Canada). J'adore ma ville, elle est très dynamique et il y a beaucoup de choses à voir : le jardin botanique, le stade olympique ou encore le quartier des affaires avec ses gratte-ciels, comme à New York !
En avril, on va dans les cabanes à sucre : on récolte le sirop d'érable. C'est super bon !

Salut tout le monde !
Moi, c'est Ludivine et je suis belge. J'habite dans la capitale, Bruxelles, une ville fantastique. Le centre-ville est très sympa. Il y a la Grand-place, une merveille !
Il y a aussi le musée de la bande dessinée. Eh oui, Tintin est belge !
Et puis les Belges ont le sens de l'humour ! Tu connais le Manneken pis ? C'est une statue d'un petit garçon qui fait pipi… !!! ☺
Viens, tu vas aimer !

Nanga def !
Salut, je m'appelle Lamine. Je suis sénégalais et j'habite à Dakar, la capitale. À côté de Dakar, il y a l'île de Gorée avec un musée sur l'histoire de l'esclavage. Dans la ville, on peut voir des beaux bâtiments anciens. Mais Dakar est aussi une ville moderne, avec le gigantesque monument de la Renaissance africaine.
Viens, tu vas voir, ma ville est super !!!

2) Relie les photos au pays correspondant.

Tu aimes ta ville et tu veux la faire connaître à des internautes du monde entier ?
Cet espace est pour toi. Parle de ta ville, de ton quartier...

○ Accueil ○ Forum ○ Photos ○ Bonnes adresses ○ Règlement
○ Questions ○ Liens ○ Contacts

 3) Quelle(s) ville(s) tu veux visiter ? Pourquoi ?

PROJET

En groupes, parlez de votre ville
aux autres internautes.

Situer dans l'espace

1 » Regarde cette photo de groupe et situe les personnages.

Judith est entre Paul et Laetitia.

> *à côté de*
> *à gauche / droite de...*

Suivre un itinéraire – Expliquer un chemin

2 » Tu es à l'Office de tourime (*i*). Choisis un endroit du plan. Ton/Ta camarade t'explique comment aller à cet endroit.

3 » Indique un chemin à ton/ta camarade. Il/Elle trouve où tu vas.

> *Tourne à gauche/droite*
> *Continue tout droit*
> *Prends la première rue à gauche...*

Une heure dans le monde

Leçon 1 〉

Quelle heure est-il ?

- Tu dis l'heure qu'il est.
- Tu racontes ta journée.

Leçon 2 〉

Quel temps fait-il ?

- Tu parles de la pluie et du beau temps.
- Tu découvres des climats et des pays.

Leçon 3 〉

Pendant ce temps-là...

- Tu échanges avec des copains du monde.
- Tu parles des métiers.

Leçon 1 ❯ Quelle heure est-il ?

Le bus est en retard !

 1 ❯ Regarde le dessin : combien de personnes attendent le bus ?

Josselin : Excusez-moi, madame, quelle heure est-il ?

La dame : Il est neuf heures et quart.

Josselin : Oh la la, et le bus n'arrive pas !

La dame : Oui, il est en retard.

Josselin : Normalement, il passe à neuf heures cinq.

La dame : Oui, dix minutes de retard, c'est beaucoup !

Josselin : Je vais arriver en retard à mon cours de (...).

La dame : Et moi, au travail !

Josselin : Vous travaillez le samedi ?

La dame : Eh oui ! Je suis (...) !

 2 ❯ Écoute le dialogue et...

a. retrouve les deux personnes qui parlent sur le dessin.

b. réponds.

- Il est quelle heure ?

- La dame est   • vendeuse.   • coiffeuse.   • serveuse.

- Le garçon va   • au collège.   • à un cours de danse.

 3 ❯ Tu as une activité le samedi matin ? Commente avec un(e) camarade.

Le temps qui passe...

 4 ❯ Regarde ces montres et écoute.
Il y a deux manières de dire l'heure.
Quelle est la plus courante ?

a.   b.   c.   d.   e.

f.   g.   h.   i.   j.

5) Écoute l'heure officielle et trouve l'endroit où on parle :

- à la radio.
- à la gare.
- au collège.

 6) Écoute et dis l'heure courante. Écris dans ton cahier.

 7) Heures et minutes.

a. Prends un papier dans chaque boîte :

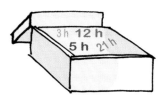 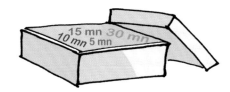

et dis l'heure de deux façons possibles.

Exemple :

Il est 18 heures 30. / Il est six heures et demie.

b. Qu'est-ce que tu fais normalement à cette heure-là ?

 8) Écoute l'emploi du temps de Josselin le samedi et note les heures dans ton cahier.

Réveil à (...).
À (...), je prends ma douche et je m'habille.
À (...), je prends mon petit-déjeuner.
À (...), je pars en cours de breakdance.
À (...), je rentre à la maison et je déjeune en famille.
De (...) à (...) de l'après-midi, je regarde la télé.
De (...) à (...) du soir, je sors avec mes copains.
Je dîne à (...) du soir.
Je vais dormir à (...).

 9) Comme Josselin, donne ton emploi du temps du samedi.

Réveil à (...). À (...), je prends ma douche...

Des mots pour...

Dire l'heure

moins le quart

et quart

et demie

midi

minuit

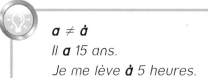

a ≠ à
*Il **a** 15 ans.*
*Je me lève **à** 5 heures.*

Décalage horaire

 1 ❯ Lis la première partie du tchat. Quel est le décalage horaire entre Curitiba (au Brésil) et Marseille (en France) ?

• • •

Tchat

1.

👤 Adèle99

Salut Nelson, ça va ?

👤 Nelson M.do Gantois

Salut Adèle ! tu vas à ton cours de capoeira ?

👤 Adèle99

Non, ici, c'est la nuit !

👤 Nelson M.do Gantois

La nuit ? Quelle heure il est, chez vous, en France ?

👤 Adèle99

Il est 9 heures du soir, 21 h.

👤 Nelson M.do Gantois

Ici, il est 4 h de l'après-midi. Je vais à une rencontre de capoeira à 17 h.

👤 Adèle99

Super ! Et il doit faire chaud, chez toi, non ?

2.

👤 Nelson M.do Gantois

Chaud ? Mais pas du tout, j'habite dans le sud.

👤 Adèle99

Ici, dans le sud, il fait chaud !

👤 Nelson M.do Gantois

Oui, mais chez nous, c'est l'hiver, et à Curitiba, dans le sud du Brésil, il fait froid !

👤 Adèle99

Il neige ?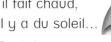

👤 Nelson M.do Gantois

Non, il ne neige pas, mais il pleut !

👤 Adèle99

Chez nous, il fait chaud, c'est l'été ! Il y a du soleil…

👤 Nelson M.do Gantois

Eh oui, c'est l'été dans l'hémisphère nord, et l'hiver dans l'hémisphère sud. Bon, je te laisse, je me prépare pour la rencontre !

👤 Adèle99

Ok, amuse-toi bien ! Moi, je vais me coucher !

👤 Nelson M.do Gantois

Dors bien, alors ! À bientôt !

 2 ❯ Lis la deuxième partie du tchat et réponds.

a. C'est quelle saison à Curitiba ? Et chez Adèle ?

b. Dans quel hémisphère se trouve le Brésil ? Et la France ?

📖 **Des mots pour...**

Parler des points cardinaux	Parler des saisons	
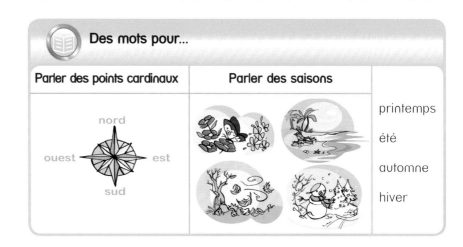		printemps
		été
		automne
		hiver

3) Observe les photos et l'heure. Quel est le décalage horaire entre chaque ville ?

7 h du matin.
À Bruxelles,
en Belgique.

Midi.
À Hanoi,
au Vietnam.

1 h du matin.
À New York,
aux États-Unis.

Beau temps, mauvais temps !

 5) Écoute la prévision météo sur *Radioado.*

a. Où est-ce qu'il va pleuvoir ? neiger ? faire beau ?

b. Attention, il y a une erreur sur le dessin. Retrouve-la !

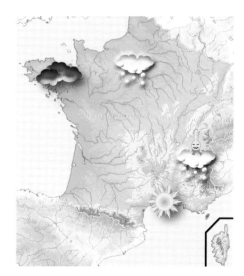

 6) Quel temps il fait chez toi aujourd'hui ?

Pour toi, à 32 degrés centigrades (32° C) il fait beau, chaud ou trop chaud ? Et à 32 ° Farenheit ?

 4) Lis le tableau et les légendes des photos. Réponds.

a. Quand le pays est féminin, on a *en*. Et quand le pays est masculin ?

b. Qu'est-ce qu'on a quand le pays est pluriel ?

Comment ça marche ?

Le pays où on est
La France ➜ Je suis **en** France
Le Congo ➜ Je suis **au** Congo
Les Comores ➜ Je suis **aux** Comores

Annexe pages 73-74

Des mots pour...

Parler de la météo		
Il pleut.	*Il fait chaud.*	*Il fait beau, il y a du soleil.*
Il neige.	*Il fait froid.*	*Il y a des nuages.*

 ou ≠ où
*Tu préfères le pull vert **ou** le pull jaune ?*
Où est-ce que tu habites ?

 7) Jeu : Il pleut, il mouille !

Pense à un endroit et à son climat, fais la liste des vêtements qu'il faut mettre dans cet endroit. La classe doit deviner le temps qu'il fait...

Il faut un anorak, des bottes, des skis !

Il neige !

Leçon 3 ❯ **Pendant ce temps-là...**

Parents du monde entier

 1 ❯ Écoute et retrouve...

a. ...l'heure dans chaque pays.   **b.** ...les parents de chaque jeune.

● ● ●

Adèle ne correspond pas seulement avec Nelson, elle a des copains dans le monde entier. Ce matin, elle parle avec 4 nouveaux copains.

Sarah : États-Unis

Anne : Belgique

Dan : Vietnam

Yoro : Sénégal

a.

b.

c.

d.

e.

f.

g.

D'où est-ce qu'ils/elles viennent ?

2) Observe comment on forme les nationalités, au masculin et au féminin.

En général on ajoute une terminaison....

a. Écris les terminaisons dans ton cahier.

b. Le féminin et le masculin sont parfois identiques. Dans quel cas ?

3) Retrouve le pays d'origine d'un *Mexicain*, d'un *Algérien*, d'un *Suisse* et d'un *Libanais*. Écris les noms dans ton cahier.

4) Retrouve le féminin de *libanais*, *américain*, *ivoirien*, *suisse*.

Comment ça marche ?

Les nationalités		
France	un Franç**ais**	une Franç**aise**
Maroc	un Maroc**ain**	une Maroc**aine**
Vietnam	un Vietnam**ien**	une Vietnam**ienne**
Belgique	un Belg**e**	une Belg**e**
Allemagne	un Allem**and**	une Allem**ande**

Annexe page 71

5) De quelle(s) nationalité(s) sont les élèves de la classe ?

D'où est-ce qu'ils/elles viennent ?

6) Regarde le tableau des professions.

a. Trouve le masculin de : *femme d'affaires, créatrice de mode, artiste, vendeuse, actrice, pharmacienne.*

b. Le féminin et le masculin sont parfois identiques. Dans quel cas ?

7) Mime. Pense à une profession et mime-la. Tes camarades devinent.

Le son des « heures »

Comment ça marche ?

Les professions	
Il est	**Elle est**
journalist**e**	journalist**e**
coiff**eur**	coiff**euse**
avoca**t**	avocat**e**
music**ien**	music**ienne**
direct**eur**	direc**trice**
boulang**er**	boulang**ère**

Annexe page 71

8) Écoute la différence entre le [œ] de *serveur* et le [ø] de *serveuse*. Lève la main quand tu entends le son [œ].

9) Entraîne-toi avec le [œ].

10) Entraîne-toi avec le [ø].

• • •

Virelangue

Le chauffeur affamé avale un œuf puis un bœuf couverts de beurre.

• • •

Virelangue

Scro gneu gneu ! Le feu sous les bœufs me fatigue les deux yeux.

» Civilisation › La vie d'artiste

Dure dure, la vie d'artiste !

 1 › Lis cette interview et réponds.

a. Pendant la période de répétitions, Laure travaille combien d'heures par jour ?

b. Elle dort combien d'heures ?

• • •

On croit souvent que le métier d'artiste, c'est facile...

Lis cette interview de Laure Favret, metteur en scène de théâtre pour la compagnie *Dard'art*.

Pour réaliser son travail, elle choisit d'abord une pièce de théâtre. Ensuite, elle coordonne une équipe de comédiens et de techniciens. Quand elle a son équipe, elle fait des répétitions avec les comédiens pendant 6 semaines. C'est le moment où il y a beaucoup de travail.

? À quelle heure tu te lèves le matin pendant la période des répétitions ?

À 6 heures, pour préparer mon travail et pour emmener ma fille à l'école, comme tout le monde !

? Tu travailles pendant combien de temps sans pause ?

6 heures.

? De quelle heure à quelle heure ?

Avec les comédiens, nous avons deux moments de répétition dans la journée : l'après-midi, de 14 h à 18 h, et puis le soir de 20 h à minuit. Avec les techniciens, en plus des répétitions avec les comédiens, nous travaillons aussi le matin de 9 h à 13 h.

? À quelle heure tu vas au lit ?

Pas avant 2 heures du matin !

? Tu ne dors jamais, alors !

Avant un spectacle, très peu ! Mais j'adore créer des spectacles ! Donc, je ne sens pas la fatigue. Et quand le spectacle est monté, je me repose un peu. Et puis, il y a des périodes où il n'y a pas de travail...

 2 › Compare avec ton emploi du temps. C'est très différent ?

 3 › Est-ce que tu aimerais être artiste ?

• • •

PROJET

5 pays, 5 climats, 5 horaires.

Demander et donner l'heure

 1) Prends un papier dans la boîte des heures et un papier dans la boîte des minutes.

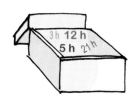 

Maintenant, **tu as une heure, par exemple** : *12 h : 15.*

Promène-toi dans la classe, un(e) camarade te demande l'heure, tu réponds. Tu demandes l'heure à un(e) autre camarade.

Quelle heure est-il ?
Il est (...) h et quart, moins le quart, et demie.

Parler d'un pays

 2) Écoute Bengina parler de son pays d'origine et réponds.

a. Quelle heure est-il dans ce pays quand il est 8 h à Paris ?
b. Quel est le nom de la capitale de ce pays ?
c. Quel temps fait-il, là-bas ?

 3) Présente un pays à tes camarades, dis :

* son nom, le nom de sa capitale.
* dans quel continent il se trouve.
* le temps qu'il fait à cette période de l'année.

Quel temps fait-il ?
Il fait beau, chaud, froid.
Il y a du soleil...

Donner son emploi du temps

 4) Choisis un jour de la semaine sans le dire. Tes camarades posent des questions pour deviner quel jour c'est.

À quelle heure tu te lèves ? À quelle heure tu vas au lit ?
À (...) h, de (...) à (...) h.

Parler d'une profession

 5) Le jeu du pendu. Cherche les lettres pour compléter ces deux professions au féminin !
Attention, tu peux être pendu(e) !

V ① ② ③ ④ ⑤ ⑥ E   P H ① ② ③ ④ ⑤ ⑥ ⑦ ⑧ ⑨ E

Maintenant, parle de ces professions.

L'interrogation

1 ❯ Retrouve les mots qui manquent à ces questions.

- (...) se trouve l'Atomium ?
- Il se trouve à Bruxelles, en Belgique.
- (...) s'appellent les habitants de la Belgique ?
- Les Belges.
- (...) langues on parle en Belgique ?
- Le français, le néerlandais, l'allemand.
- (...) de temps il faut pour aller de Paris à Bruxelles ?
- 1 heure et quart.
- (...) est-ce que part le premier train pour Paris ?
- À 6 heures 25.

Conjugaisons

2 ❯ Recopie le texte dans ton cahier et conjugue les verbes entre parenthèses au présent de l'indicatif.

Adèle et son frère se (*lever*) à 7 h 30. Pendant qu'Adèle (*prendre*) sa douche et se (*préparer*), son frère (*prendre*) son petit-déjeuner. À 8 h, ils (*prendre*) le bus à côté de chez eux.

Nationalités et professions

3 ❯ Transforme au féminin et écris dans ton cahier.

- **a.** C'est un informaticien iranien.
- **b.** C'est un serveur suisse.

4 ❯ Transforme au masculin et écris dans ton cahier.

- **a.** C'est une artiste sénégalaise.
- **b.** C'est une actrice chinoise.

La localisation

5 ❯ Regarde le dessin. Où se trouve le collier ?

6 ❯ Recopie dans ton cahier et complète avec les mots de la liste.

sous - sur - dans - devant

Il est (...) la boîte en plastique qui est (...) les livres qui sont (...) l'étagère qui est (...) toi.

Maintenant, trouve le bracelet.

Grammaire ❯

Genre et nombre des noms et des adjectifs

1 ❯ Le genre

Noms *(exemple des nationalités)*

Pays	Habitant	Habitante
la France	un Français	une Française
le Maroc	un Marocain	une Marocaine
le Vietnam	un Vietnamien	une Vietnamienne
la Belgique	un Belge	une Belge
Allemagne	un Allemand	une Allemande

Adjectifs *(exemple des professions)*

Il est...	Elle est...
journaliste	journaliste
coiffeur	coiffeuse
avocat	avocate
musicien	musicienne
directeur	directrice
boulanger	boulangère

2 ❯ Le nombre

En général, on ajoute un **–s** pour former le pluriel des noms et des adjectifs.

*une gomme → des gomme**s***

*Il est journaliste. → Ils sont journaliste**s**.*

Les articles

	Définis	Indéfinis
Masculin singulier	**le** cahier **l'**ordinateur (devant une voyelle ou un **h** muet)	**un** agenda
Féminin singulier	**la** trousse **l'**école (devant une voyelle ou un **h** muet)	**une** gomme
Masculin et féminin pluriel	**les** élèves	**des** crayons et **des** feuilles

Formes contractées
- avec la préposition **à** :
  au (à + le)
  aux (à + les)
- avec la préposition **de** :
  du (de + le)
  des (de + les)

Grammaire 〉

Les pronoms personnels

Les **pronoms personnels sujets** sont obligatoires pour conjuguer un verbe (sauf à l'impératif).
Pour insister, on peut renforcer les pronoms sujets par des **pronoms personnels toniques**.

Genres	Pers.	Sujets	Toniques
Singulier	1ère	**Je** fais du judo. **J'**aime le sport.	**Moi**, je préfère le dessin.
	2e	**Tu** viens en ville ?	**Toi,** tu ne viens pas !
	3e	**Il** parle trois langues. **Elle** est belge. **On** va chez mon oncle.	**Lui**, il parle anglais et russe. **Elle**, elle est espagnole.
Pluriel	1ère	**Nous** partons en vacances.	**Nous,** nous restons ici.
	2e	**Vous** écoutez ?	**Vous**, vous n'écoutez pas !
	3e	**Ils/Elles** vont au cinéma.	**Eux**, ils vont à la piscine. **Elles**, elles vont au gymnase.

 À l'oral, **on** = **nous**.

Les adjectifs possessifs (un possesseur)

Possesseurs	Singulier		Pluriel
	Masculin	Féminin	Masculin et féminin
Je	mon ami	ma mère	mes parents
Tu	ton ami	ta mère	tes parents
Il/Elle	son ami	sa mère	ses parents

 On utilise le masculin devant un nom féminin singulier qui commence par une voyelle ou par un **h** muet.

mon amie   mon histoire
ton amie   ton histoire
son amie   son histoire

Le présent de l'indicatif

Pour former le présent de l'indicatif des verbes en *-er*, on ajoute au radical les terminaisons :
-e, -es, -e, -ons, -ez, -ent.

AIMER
J'aim**e**
Tu aim**es**
Il/Elle/On aim**e**
Nous aim**ons**
Vous aim**ez**
Ils aim**ent**

 Les formes du verbe avec *-e, -es* et *-ent* sont identiques à l'oral.

L'impératif

L'impératif exprime un ordre, une invitation ou un conseil.
L'impératif a trois personnes. Il se forme comme le présent de l'indicatif, sauf à la 2e personne du singulier : le **-s** disparaît. Avec l'impératif, on n'utilise pas de pronom sujet.

Présent de l'indicatif	Impératif
Tu chante**s**	Chant**e** !
Nous chantons	Chantons !
Vous chantez	Chantez !

Le futur proche

Le futur proche exprime une action qui va se passer dans un avenir proche.
Il se forme avec :
aller au présent de l'indicatif + infinitif

> Pour Noël, je **vais voir** mes grands-parents.

L'expression de la quantité

*Tu as **combien de** cadeaux ?*

Pas de *cadeau.*   **Peu de** *cadeaux.*   **Beaucoup de** *cadeaux !*   **Trop de** *cadeaux !!!*

Les prépositions

1) *à* et *en*

a. La préposition **à** peut exprimer…

- la possession : *Le livre est **à** moi.*
- la localisation : *J'habite **à** Paris* (ville).
- l'heure : *On se voit **à** 8 heures.*

b. La préposition **en** peut exprimer…

- la localisation : *j'habite **en** France* (pays).
- la matière : *C'est un objet **en** plastique.*

Grammaire ❱

2 ❱ *de / d'*

de peut exprimer…

- la provenance : *Je viens **d'**Espagne.*
- la parenté : *Mamie Hélène, c'est la mère **de** mon père.*
- la possession / l'appartenance : *C'est le livre **de** Karim*

3 ❱ La localisation

dans	sur / sous	devant / derrière	en face (de)

à côté (de)	entre	au-dessus (de) / au-dessous (de)

à gauche (de) / à droite (de)		

4 ❱ Autres prépositions

- **pour** + pronom tonique (destinataire)
  *Tiens ! C'est **pour** toi !*
- **pour** + infinitif (but)
  *Je vais au stade **pour** jouer au rugby.*

- **chez** + nom ou pronom tonique (le domicile de…)
  *Je fais une fête samedi. Tu viens **chez** moi ?*
- **avec** + nom ou pronom tonique (la compagnie)
  *Tu pars seule ou **avec** tes parents ?*

La négation

En français, la négation se compose de deux éléments qui entourent le verbe : **ne** … **pas**.

> *Je **ne** veux **pas** le pull vert, il est moche.*

On utilise **n'** devant un verbe qui commence par une voyelle ou par un **h** muet :

> *Je **n'**aime **pas** les films tristes.*
> *Il **n'**habite **pas** à Paris.*

1) L'interrogation totale : elle porte sur toute la phrase et appelle une réponse globale affirmative *(oui)*, négative *(non)* ou hésitante *(peut-être)*.

Elle peut prendre deux formes :

- l'interrogation marquée par la seule intonation. C'est la plus simple. Elle garde l'ordre de la phrase affirmative. Elle se distingue uniquement par l'intonation montante.
À l'écrit, elle se différencie de la phrase affirmative par le point d'interrogation.
Tu viens à la fête de Véro ?

- L'interrogation introduite par la tournure *est-ce que...*
La tournure *est-ce que* est placée au début suivi de la forme affirmative de la phrase.
Est-ce que *tu viens à la fête de Véro ?*

2) L'interrogation partielle : elle porte sur un ou des éléments de la phrase. La réponse dépend du mot interrogatif utilisé dans la question.

Pour poser des questions sur...	...on utilise
une personne	*C'est **qui** ? **Qui** c'est ?* *Tu connais **quel** chanteur français ? **Quel** chanteur français est-ce que tu connais ?*
une chose	*C'est **quoi** ? **Qu'**est-ce que c'est ?* *Tu aimes **quels** films ? **Quels** films est-ce que tu aimes ?*
une activité	*Tu fais **quoi** ce soir ? **Qu'**est-ce que tu fais ?* ***Quelle** activité tu fais ? **Quelle** activité est-ce que tu fais ?*
un moment, une période	*C'est **quand** les vacances ? **Quand** est-ce qu'ils arrivent ?*
un lieu	*Tu vas **où** ? **Où** est-ce que tu vas ?*
une quantité	***Combien** ça coûte ? **Combien** de mangas est-ce que tu as ?*
un nom une caractéristique une manière de faire	***Comment** tu t'appelles ? **Comment** est-ce que tu t'appelles ?* ***Comment** il est le nouveau prof ? **Comment** est-ce qu'il est le nouveau prof ?* ***Comment** on fait pour aller chez toi ? **Comment** est-ce qu'on fait pour aller chez toi ?*
une cause, une raison ou un motif	***Pourquoi** il est pessimiste ? **Pourquoi** est-ce qu'il est pessimiste ?* ***Pourquoi** la terre est ronde ? **Pourquoi** est-ce que la terre est ronde ?*

- Les mots interrogatifs peuvent être invariables. Ce sont des pronoms interrogatifs : *qui, que, quoi, quand, où, comment, pourquoi.*

- Certains interrogatifs s'accordent avec le nom qu'ils précèdent. Ce sont des adjectifs interrogatifs : *quel, quelle, quels, quelles.*
    Quel âge tu as ? (masculin singulier)
    Quelle est ta matière préférée au collège ? (féminin singulier)
    Quels sports est-ce que tu pratiques ? (masculin pluriel)
    Quelles sont tes activités pendant les vacances ? (féminin pluriel)

- La question portant sur la cause avec *pourquoi* appelle toujours une réponse avec *parce que.*
    *- **Pourquoi** tu apprends le français ?*
    *- **Parce que** j'aime les langues étrangères.*

Conjugaison 〉

Verbes auxiliaires

AVOIR		ÊTRE	
Présent de l'indicatif	**Impératif**	**Présent de l'indicatif**	**Impératif**
j'ai tu as il/elle/on a nous avons vous avez ils/elles ont	aie ayons ayez	je suis tu es il/elle/on est nous sommes vous êtes ils/elles sont	sois soyons soyez

Verbes semi-auxiliaires

ALLER		VENIR	
Présent de l'indicatif	**Impératif**	**Présent de l'indicatif**	**Impératif**
je vais tu vas il/elle/on va nous allons vous allez ils/elles vont	va allons allez	je viens tu viens il/elle/on vient nous venons vous venez ils/elles viennent	viens venons venez

Verbes impersonnels

Ces verbes se conjuguent uniquement à la troisième personne du singulier (il).

FALLOIR	
Présent de l'indicatif	**Impératif**
il faut	*Pas d'impératif*

PLEUVOIR	
Présent de l'indicatif	**Impératif**
il pleut	*Pas d'impératif*

Verbes en –er (1er groupe)

AIMER	
Présent de l'indicatif	**Impératif**
j'aime tu aimes il/elle/on aime nous aimons vous aimez ils/elles aiment	aime aimons aimez

Verbes en –er particuliers

APPELER	
Présent de l'indicatif	**Impératif**
j'appelle t'appelles il/elle/on appelle nous appelons vous appelez ils/elles appellent	appelle appelons appelez

ACHETER	
Présent de l'indicatif	**Impératif**
j'achète tu achètes il/elle/on achète nous achetons vous achetez ils/elles achètent	achète achetons achetez

COMMENCER	
Présent de l'indicatif	**Impératif**
je commence tu commences il/elle/on commence nous commençons vous commencez ils/elles commencent	commence commençons commencez

COMPLÉTER	
Présent de l'indicatif	**Impératif**
je complète tu complètes il/elle/on complète nous complétons vous complétez ils/elles complètent	complète complétons complétez

LEVER	
Présent de l'indicatif	Impératif
je lève	
tu lèves	lève
il/elle/on lève	
nous levons	levons
vous levez	levez
ils/elles lèvent	

MANGER	
Présent de l'indicatif	Impératif
je mange	
tu manges	mange
il/elle/on mange	
nous mangeons	mangeons
vous mangez	mangez
ils/elles mangent	

PRÉFÉRER	
Présent de l'indicatif	Impératif
je préfère	
tu préfères	préfère
il/elle/on préfère	
nous préférons	préférons
vous préférez	préférez
ils/elles préfèrent	

Verbes du 2e groupe (en –ir)

CHOISIR	
Présent de l'indicatif	Impératif
je choisis	
tu choisis	choisis
il/elle/on choisit	
nous choisissons	choisissons
vous choisissez	choisissez
ils/elles choisissent	

Verbes du 3e groupe

COURIR	
Présent de l'indicatif	Impératif
je cours	
tu cours	cours
il/elle/on court	
nous courons	courons
vous courez	courez
ils/elles courent	

ÉCRIRE	
Présent de l'indicatif	Impératif
j'écris	
tu écris	écris
il/elle/on écrit	
nous écrivons	écrivons
vous écrivez	écrivez
ils/elles écrivent	

DIRE	
Présent de l'indicatif	Impératif
je dis	
tu dis	dis
il/elle/on dit	
nous disons	disons
vous dites	dites
ils/elles disent	

FAIRE	
Présent de l'indicatif	Impératif
je fais	
tu fais	fais
il/elle/on fait	
nous faisons	faisons
vous faites	faites
ils/elles font	

LIRE	
Présent de l'indicatif	Impératif
je lis	
tu lis	lis
il/elle/on lit	
nous lisons	lisons
vous lisez	lisez
ils/elles lisent	

POUVOIR	
Présent de l'indicatif	Impératif
je peux	
tu peux	
il/elle/on peut	
nous pouvons	
vous pouvez	*Pas*
ils/elles peuvent	*d'impératif*

PRENDRE	
Présent de l'indicatif	Impératif
je prends	
tu prends	prends
il/elle/on prend	
nous prenons	prenons
vous prenez	prenez
ils/elles prennent	

RÉPONDRE	
Présent de l'indicatif	Impératif
je réponds	
tu réponds	réponds
il/elle/on répond	
nous répondons	répondons
vous répondez	répondez
ils/elles répondent	

VOULOIR	
Présent de l'indicatif	Impératif
je veux	
tu veux	
il/elle/on veut	
nous voulons	
vous voulez	*Impératif*
ils/elles veulent	*inusité*

Communication ❯

Épeler – Demander comment s'écrit un mot
- Comment ça s'écrit « vacances » ?
- V.A.C.A.N.C.E.S.

Saluer - Dire au revoir
Salut, ça va ?
Ça va !

Bonjour mademoiselle.
Bonjour Jérôme.

Bon, au revoir, monsieur !
Au revoir ! À bientôt !

Se présenter – Présenter quelqu'un
- Bonjour tout le monde, je me présente : Hugues.
- Bonjour madame, je suis Renaud Polensac, le directeur commercial de Picrosov.
- Enchantée, je suis Valérie Durand, directrice de Apfel.
- Enchanté !

- Comment tu t'appelles ?
- Aminata. Et toi ?
- Je m'appelle Aurélie.

- C'est Manuel, c'est un élève, il a 12 ans.
- Je te présente Olive, elle a 12 ans et elle est en 5e.

Poser des questions sur quelqu'un
- Qui c'est, le monsieur brun avec la barbe ?
- Ah, lui ? C'est le prof de maths, Berzot.
- Il est sympa ?
- Oui... ça va.

- Qui c'est la fille blonde, là ?
- C'est la surveillante, Julie !

Décrire quelqu'un
Il est mignon. / Elle est mignonne.
Il est grand, petit, gros, mince, brun, blond, roux...
Elle est grande, petite, mince, blonde, rousse...
Il a les yeux verts, marron, noirs, bleus...
Il/Elle est sympa. / Il/Elle n'est pas sympa.
Il/Elle a un beau sourire, des boutons, des lunettes, un collier, un chapeau, une casquette...

Communiquer en classe
Comment on dit « holidays » en français ?
Vous comprenez ?
Vous pouvez répéter, s'il vous plaît ?
Maxime, répète !
Qu'est-ce que ça veut dire « souvent » ?

Dire la/une date
Aujourd'hui, nous sommes le dix-sept janvier.

L'acteur québécois Marc-André Grondin est né à Montréal le onze mars mille neuf cent quatre-vingt-quatre.

Inviter quelqu'un - Accepter ou refuser une invitation
- Tu viens à ma fête d'anniversaire samedi ? / Samedi, j'organise une fête pour mon anniversaire. Tu veux venir ?
- C'est super, je viens ! / Désolé(e), nous partons en vacances.

- On va au ciné ce soir ?
- Oui, pourquoi pas. C'est quoi le film ? / Non, je ne peux pas, j'ai des devoirs à terminer. / Non, désolé(e), je ne suis pas libre.

Parler de sa famille
Mon père s'appelle Lucas et ma mère, Amélie.
J'ai deux frères et une sœur : Valentin, Thomas et Manon.

Exprimer un projet, une action future ou une intention
Futur proche = aller au présent de l'indicatif + infinitif
Pour Noël, on va bien manger !
On va décorer le sapin et je vais avoir beaucoup de cadeaux !
Mes cousins vont venir à la maison et mes grands-parents vont passer les fêtes aux Antilles !

Poser des questions sur un objet - Décrire un objet
- C'est quoi ? / Qu'est-ce que c'est ?
- C'est mon téléphone. / C'est le t-shirt bleu de Stéphane.

- Son sac est rond et vert. Il est très beau.

Parler de ses loisirs et de ses activités

Faire du / de la / de l' / des + nom de l'activité
Je fais du basket.
Tu fais de la natation.
Il/Elle/On fait des claquettes.
Nous faisons de l'athlétisme.
Vous faites du piano.
Ils/Elles font de la voile.

Comprendre et donner des instructions, des ordres, des conseils

L'impératif
Levez la main !
Pliez le bras !
Ne parlez pas tous en même temps !

Il faut + infinitif
Il faut dormir !

Exprimer des sentiments, des sensations

J'ai mal à.... : J'ai mal au dos, à la tête, etc...
Je suis fatigué(e).
Je suis en pleine forme !
Je suis content(e) / Je suis triste...
Il est furieux. / Elle est furieuse.

Exprimer la cause

- Pourquoi il a mal au ventre ?
- Parce qu'il mange trop de chips.

- Pourquoi il est gros ?
- Parce qu'il ne fait pas de sport.

Indiquer l'existence (la présence) ou l'inexistence (l'absence)

Dans mon quartier, il y a deux boulangeries et une pharmacie mais il n'y a pas de supermarché.

Situer dans l'espace

- Il y a un gymnase près d'ici ?
- Bien sûr, c'est à côté du cinéma, en face du parc.

- Où se trouve la boulangerie, s'il vous plaît ?
- C'est facile, prenez la première rue à gauche et vous allez la trouver.

- Quelle est l'adresse de Marie ?
- Elle habite au 34, rue de Cèdres, à Nantes.

Demander son chemin et donner un itinéraire

- Comment on fait pour aller chez toi ?
- Facile ! Tu prends la première rue à droite, tu passes devant la pharmacie, tu continues tout droit et, à la fin de la rue, tu tournes à gauche.
- Euh, tu peux me faire un plan, s'il te plaît ?

- Excusez-moi, madame, pour aller au musée de la BD, s'il vous plaît ?
- Continuez tout droit puis traversez la grand-place, c'est là.

Demander et donner l'heure

- Quelle heure est-il, s'il vous plaît ?
- Il est trois heures.

- Vous pouvez me dire l'heure, s'il vous plaît ?
- Bien sûr, il est 18 h 20.

- Tu as l'heure, s'il te plaît ?
- Il est minuit, l'heure du crime !!!

Parler de son emploi du temps

- Qu'est-ce que tu fais aujourd'hui ?
- D'abord, j'ai cours de gym. À 11 h, cours de géo. De midi à 13 h, je déjeune à la cantine. Je recommence les cours à 13 h 30.
  Je rentre chez moi à 17 h.

Parler du temps qu'il fait (de la météo)

Il pleut.

Il neige.

Il fait chaud.

Il fait froid.

Il fait beau, il y a du soleil.

Il y a des nuages.

Crédits photos

Couverture Fotolia/Thomas Perkins

3 bg	Fotolia/Vanessa,
6 hg	Fotolia/Strawberry,
hd	Fotolia/Davaine,
c	Fotolia/Vivet,
md	Photononstop/Richer,
bg	Fotolia/Jung,
mb	Photolibrary.com,
bd	Fotolia/James,
7 hg	Fotolia/Horiot,
hd	Air Images/Guignard,
8 hg	AFP/Royal Press/Nieber,
mhg	AFP/Gobet,
mbg	Fotolia/Duris,
bg	Photononstop/Tips/La Monaca,
d	Fotolia/Trefilov,
9 hg	Fotolia/Bishop,
gmh	Fotolia/Mihai-Bogdan,
dmh	Fotolia/Prod Numerik,
mg	Istock/Cowtown,
md	Fotolia/ParisPhoto,
bg	Fotolia/Nanouprod,
bd	Photononstop/Lonely Planet/Ham,
10 hg	Fotolia/Arcurs,
hd	Fotolia/Nathalie P.,
md	Getty Images/Van der Meer,
11	Christian Biaggi & Bruno Maurin/architectes, Marseille, Marseille/Infographie Th. Chadail,
14	Rea/Tavernier,
16	Getty Images/J. Merrit,
18 h	Fedephoto/Tiercelin,
d	Photononstop/Charlus,
b	Photononstop/Perez,
bg	Fotolia/Delm007
19 h	Académie de Grenoble,
bg	Photolibrary.com,
bd	Académie de Grenoble,
20 g	AFP/Getty Images/Rodriguez,
m	DR.
21	Photononstop/Ojo Images
28 hg	F.Zeri,
hd	F.Zeri,
bg	F.Zeri,
bd	F.Zeri,
29 g	Prod DB © Cirrus / DR,
d	Panoramic/Imago Sportfotodienst,
31 hg	Picturetank/Daniel,
hd	Age Fotostock/Image Source,
mg	Age Fotostock/Image Source,

md	Roger-Viollet/Niepce,
bg	Leemage/Josse,
bm	Fedephoto/Reglain,
bd	Leemage/Imagestate/Barrow,
33 bgg	Fotolia/Charleson,
bg	Prod DB © Columbia Pictures - Plan B Entertainment / DR,
bmg	Prod DB © Warner Bros. - Di Bonaventura Pictures / DR,
bmd	Prod DB © Stuber - Parent / DR,
bd	Prod DB © Davis Films / DR,
bd	Leemage/Imagestate/Barrow,
36 hg	Fotolia/Kapitonova,
mh	Ubisoft,
hd	Droits réservés,
gm	Fotolia/Staskin,
mm	Fotolia/Dolgikh,
dm	Droits réservés,
bg	Fotolia/AbsentAnna,
bm	Droits réservés,
bd	Droits réservés,
38 hg	Colorise/Studio BF,
hm	Age Fotostock/Image Source,
hd	Andia/Tondini,
mg	Andia/Liverani,
m	Fedephoto/Guenet,
d	Age Fotostock/Image Source,
bd	Reuters/Tessier,
39 hg	Rea/Devouard,
bg	Rea/Laif/Zahn,
hd	Fotolia/Lisa F. Young,
hd	Andia/Altopress/Mouton,
bd	Rea/Laif/Sasse,
40 hg	Prod DB © DreamWorks Animation,
hd	Prod DB © DreamWorks Animation,
d	Prod DB © DreamWorks Animation,
41 hg	Fotolibra/de Leu,
hm	Fotolia/Shariff Che'Lah,
hd	Photononstop/Denkou Images,
gm	Fotolibra/Jay,
bg	Fotolibra/Sibisan,
bm	Hemis/Alamy/Fried,
dm	Fotolia/Hughes,
bd	Fotolibra/Ripple,
fond	Fotolibra/Greim,
45	Getty Images/Barket,
48 hg	Fotolia/Fanfo,
bg	Dreamstime,
d	Hemis/Alamy/Fagg,
51	NLC,
53 hgg	20 th Century Fox,

hg	Disney interactive,
hmd	Electronic Arts,
hd	Prod DB © DreamWorks SKG - Paramount - Hasbro - Di Bonaventura Pictures / DR,
gmg	Ubisoft,
mg / DR,	«Prod DB © Walt Disney Pictures
mmd	Universal Pictures,
md	DreamWorks Animation,
bg	Summit Entertainment,
mbg	Warner Bros,
mbd	DreamWorks Animation,
bd	Prod DB © La Petite Reine - Motion Investment Group - Pathe / DR,
58 h	Istock,
m	Fotolia/Ron Chapple,
b	Hemis/Torrione,
59 a	AFP/Seyllou,
b	Photononstop/Zerla,
c	Photononstop/Merle,
d	Photononstop/Eurasia,
e	Fotolia/Labbe,
f	Fotolia/Bastide,
g	Hemis/Morandi,
h	NLC,
61 fond	Fotolia/Beneda,
hg	Fotolia/Goodluz,
gd	Rea/Allard,
65 a	Fotolia/Porschlegend,
b	istock,
c	Fotolia/Gary,
bg	Fotolia/Imagine,
bg	Fotolia,
66 hg	Photononstop/Mauritius/ Weinhaupl,
mg	Istock,
md	Hemis/Alamy/Lord,
hd	Godong/Lissac,
a	Hemis/Alamy/Dinner,
b	Fotolia/Casey,
c	Urba Images/Noisette,
d	AFP/Seyllou,
e	Fotolia/Payless Images,
f	Corbis/Bisson,
g	Rea/Guittot,
68 hg	Laure Favret,
bd	Laure Favret,
69	Istock,
70	Shutterstock.

Imprimè en Italie par

LA TIPOGRAFICA VARESE
Società per Azioni
Varese
N° d'éditeur : 10172430 - Juillet 2011